Korn / Mücke · Gewalt im Griff
Band 2

Judy Korn / Thomas Mücke

Gewalt im Griff

Band 2: Deeskalations- und Mediationstraining

Beltz Verlag · Weinheim und Basel

Die Autoren:

Judy Korn, Diplompädagogin, Jg. 1971. Sie ist Jugendsozialarbeiterin, freiberufliche Dozentin und Ausbilderin in Streitschlichtung.

Thomas Mücke, Diplompädagoge und Diplompolitologe, Jg. 1958. Er ist Jugendsozialarbeiter, freiberuflicher Dozent und Antigewalttrainer.

Gesetzt nach den neuen Rechtschreibregeln
Lektorat: Richard Grübling

© 2000 Beltz Verlag · Weinheim und Basel
http://www.beltz.de
Herstellung: Lore Amann
Satz: Satz- und Reprotechnik GmbH, Hemsbach
Druck: Druckhaus Beltz, Hemsbach
Umschlaggestaltung: Federico Luci, Köln
Umschlagfoto: Bavaria Bildagentur, München
Printed in Germany

ISBN 3-407-55845-7

Inhaltsverzeichnis

Vorwort

Das Thema Gewalt ist für die pädagogische Praxis nicht mehr wegzudenken. Konzepte gegen Gewalt haben in der Arbeit mit Jugendlichen immer mehr Beachtung gefunden. Das Verhindern und das Verlernen von Gewalt gehören zu den zentralen Aufgaben der pädagogischen Praxis, denn gewalttätige Verhältnisse verletzen grundlegende Menschenrechte und die Entwicklungsmöglichkeiten von jungen Menschen.

Bei aller Unsicherheit und Hilflosigkeit, die Gewalt erzeugt, stellt sich praktisch die Frage, wie durch frühzeitiges Eingreifen, Gewaltausbrüche verhindert werden können, welche Möglichkeiten des konstruktiven Umganges mit Konflikten gegeben sind, welche Prinzipien und Methoden zur Gewaltprävention notwendig sind und wie junge Gewaltopfer unterstützt werden können. Gewaltverhalten ist ein erlerntes Verhalten und somit gibt es Möglichkeiten, Gewalt auch wieder zu verlernen. Hierzu möchten wir durch dieses Buch für die Praktikerinnen und Praktiker in der Jugendarbeit, der Schule und anderen Bereichen der Jugendhilfe Anregungen geben.

Junge Menschen können sich auf gewaltfreie Lernprozesse aber nur dann einlassen, wenn sie sich von der Gewalt verabschieden wollen. Wenn es gelingt, ihnen Alternativen zu ihrem Gewaltverhalten als für sie reale Möglichkeiten aufzuzeigen, fällt ihnen die Entscheidung wesentlich leichter. Das Verlernen von Gewalt kann nur in einem unterstützenden und begleitenden Prozess möglich werden. Gewalthandelnde Menschen sind zumeist ängstliche Menschen. Gewalt ist ihnen vertraut, deren Alternativen dagegen sind mit Angst verbunden. Daher sind beziehungsorientierte Lernprozesse gefragt, in denen Personen und Biografien akzeptiert und Konfrontationen nicht gescheut werden.

Wir arbeiten beide seit vielen Jahren mit jungen Menschen, die Opfer und Täter von Gewalt geworden sind. Alle unsere Vorschläge, Ideen und Anregungen sind in der Praxis sowie in zahlreichen Fortbildungen erprobt. Sie finden sich in den Übungen dieses Trainingsbuches wieder, wobei uns deren Praktikabilität wichtig ist. Für die Durchführung der Übungen werden keine besonderen Materialien oder technische Hilfsmittel benötigt.

Für den Sprachgebrauch in diesem Buch möchten wir auf Folgendes hinweisen: Die Erziehungswissenschaft und die pädagogische Praxis unterliegen gerade im Zusammenhang mit Gewaltverhalten immer noch der Tendenz, mit dem Begriff »Jugendliche« unausgesprochen »Jungen« zu meinen und spezifische Problemlagen von Mädchen außerhalb der Betrachtung zu lassen. Wir werden in den Bereichen der Erklärungsansätze wie auch der pädagogischen Praxis immer wieder auf die Unterschiedlichkeit der Geschlechter Bezug nehmen. Trotz des Argumentes der mangelnden Lesbarkeit von Texten, die sämtliche im allgemeinen deutschen Sprachgebrauch männlichen Wörter mit den entsprechenden weiblichen Morphemen ergänzen, werden wir – soweit dies sinnvoll ist – beide Geschlechter nennen.

Judy Korn
Thomas Mücke

Zum Umgang mit dem Trainingsbuch

Das Ihnen vorliegende Trainingsbuch soll Pädagogen/innen Anregung geben, sich eigenständig im Hinblick auf den Umgang mit Gewaltverhalten von Jugendlichen innerhalb der pädagogischen Praxis zu qualifizieren. Außenstehende Trainer/innen kosten Geld und verfügen zudem nicht immer ausreichend über den gewünschten Praxisbezug. Das Trainingsbuch schlägt eine Alternative vor, die viele Teams in der Jugendarbeit erfolgreich für sich genutzt haben. Bilden Sie eine Lerngruppe aus interessierten Kollegen/innen und trainieren Sie sich gegenseitig.

Die unterschiedlichen thematischen Abschnitte dieses Buches sind voneinander unabhängig anwendbar, bauen in ihrer Darstellung jedoch logisch aufeinander auf. Das erste Kapitel bildet die theoretische Basis der Auseinandersetzung mit Grundbegriffen und Erklärungsansätzen. Die folgenden Kapitel teilen sich in einen erklärenden sowie einen praktischen Teil. Beide Bereiche bilden das Trainingsgerüst, mit dem wir das Ziel verfolgen, Pädagogen/innen Hilfe im Umgang mit Gewalt und Konflikten anzubieten.

Um Lernerfolge zu erzielen und Misserfolge zu vermeiden sind grundsätzliche Trainingsanweisungen zur Durchführung und Auswertung von Übungen und Rollenspielen notwendig. Die im Folgenden aufgeführten Hinweise beziehen sich auf alle Übungsteile des Buches. Der Abschnitt des Mediationstrainings verfügt zudem über gesonderte Anleitungen, die an geeigneter Stelle aufgeführt werden. Die Zeitangaben der Übungen sind in Abhängigkeit von der jeweiligen Gruppengröße zu betrachten. Die für unsere Beispiele gewählten Orte sind austauschbar. Die Vorfälle sind reale Schilderungen, können sich aber sowohl in der offenen Jugendarbeit, in der Schule, im betreuten Wohnen oder anderswo ereignen.

1. Grundsätze des Trainings in Lerngruppen

Gemeinsames Trainieren und Lernen in Gruppen erfordert auch gemeinsame Regeln. Um Enttäuschungen zu vermeiden und Verletzungen zu verhindern können die folgenden Grundsätze sinnvoll sein:

- Nicht abwertend mit den Äußerungen der Kollegen/innen umgehen.
- Ängste von Kollegen/innen ernst nehmen.
- Offenheit und Ehrlichkeit im Umgang miteinander ermöglichen.
- Unterschiedlichkeiten respektieren und wertschätzen.

2. Festlegen von Feedbackregeln

Die Durchführung von Übungen und Rollenspielen, die eine Verhaltensreflexion von pädagogischer Arbeit ermöglichen, führen zu Rückmeldungen der Trainingsteilnehmer/innen übereinander. Legen Sie daher vor den Übungen gemeinsam die für Sie wichtigen Feedbackregeln fest. Stellen Sie sich die folgenden Fragen:

- Wie sollte eine Rückmeldung nach dem Rollenspiel oder der Übung aussehen, damit Sie sie annehmen können?
- Was möchten Sie in der Auswertung in keinem Fall?

Die so zusammengetragenen Punkte fassen Sie zusammen und einigen sich als Gruppe auf die für alle akzeptablen Punkte. Am Ende sollte eine für alle geltende Gruppenvereinbarung vorhanden sein, die den Rahmen der Rollenspiel- und Übungsauswertung bildet.

Einige wichtige Feedbackregeln zur Orientierung:

Feedback geben:
- Feedback sollten Sie nur geben, wenn es die andere Person auch hören will und kann.

- Feedback sollte konkret auf eine bestimmte Verhaltensweise oder Situation bezogen sein und nicht die gesamte Person betreffen.
- Feedback sollte nicht bewertend oder interpretierend, sondern beschreibend sein.
- Geben Sie Feedback so, wie Sie es auch annehmen könnten.

Feedback annehmen:
- Hören Sie ruhig zu. Sie müssen sich nicht rechtfertigen.
- Wenn Sie etwas genauer erklärt haben möchten, fragen Sie nach.
- Prüfen Sie für sich, was Sie annehmen möchten.
- Teilen Sie der Gruppe mit, welche Gefühle das Feedback bei Ihnen auslöst.

3. Durchführung und Auswertung von Rollenspielen und Übungen

Bestimmen Sie bei jedem Rollenspiel und jeder Übung eine Spielleitung. Diese hat zum einem die Aufgabe, das Rollenspiel oder die Übung zu beenden, wenn sie bemerkt, dass dies notwendig sein sollte. Zum anderen leitet sie die nach dem Rollenspiel oder der Übung folgende Auswertung. Verlassen Sie sich auch in einem eingespielten Team oder einer Gruppe nicht darauf, dass sich das Gespräch selbst regeln wird. Dies ist nicht uneingeschränkt der Fall. Bestehende offizielle und inoffizielle Hierarchien werden das Gespräch bestimmen und nicht zum Vorteil für die Spielenden sein. Wechseln Sie die Spielleitung, um Rollenfestschreibungen zu vermeiden.

Begreifen Sie die Rollenspiele als authentische Lernsituationen. Oftmals neigen Pädagogen/innen dazu, in Rollenspielen ihre gesamten Negativerfahrungen mit Jugendlichen in Konfliktsituationen in der einen Rolle zu manifestieren, die sie in dem Moment spielen. Sie nehmen ihren Kollegen/innen Trainingsmöglichkeiten, wenn Sie Ihre Rolle als Jugendliche/r überziehen und eine Lösung des Konfliktes oder die erfolgreiche Deeskalation somit vermeiden wollen.

Zu Beginn der Auswertung von Rollenspielen und Übungen sollten immer zuerst die Spielenden die Möglichkeit haben, sich zu äußern und ihre Anspannung mitzuteilen. Daher gehen die ersten Fragen der Spielleitung immer an die Spielenden. Erst nach deren Äußerungen ist es sinnvoll, die Beobachtungen der Zuschauer/innen zu erfragen. Im Vordergrund dieser Rückmeldungen sollten zu Beginn immer die positiven Elemente genannt werden. Wenn die Stärken der Spielenden dargestellt wurden, wird es ihnen leichter fallen, eventuelle Kritik anzunehmen.

Die Spielleitung hat zum Ende eines jeden Rollenspiels und einer Übung die Aufgabe, eine kurze Zusammenfassung des Feedbacks für den/die Spielende/n zu geben. Folgende Punkte sollten enthalten sein:

- Hervorheben der individuellen Stärken der Spielenden.
- Zusammenfassen der Kritik.
- Deutlich machen, an welchen Punkten noch gearbeitet werden sollte

1. Problemdarstellung

1.1 Der Gewaltbegriff in Abgrenzung zum Aggressionsbegriff

Die Begriffe Aggression und Gewalt werden in der Gewaltdiskussion und in der pädagogischen Praxis zum Teil unterschiedlich definiert und zum Teil synonym verwendet. Pädagogische Arbeit als ein Prozess von Teamarbeit erfordert aber eine Verständigung über die inhaltliche Bedeutung von Gewalt und Aggression, um gemeinsames Handeln zu ermöglichen.

Nach unserem Verständnis sind zur Klärung des Begriffes Gewalt vor allem zwei Merkmale entscheidend. Der Anspruch an diese Definition formuliert sich aus der pädagogischen Praxis heraus und soll vor allem im Alltag von Pädagogen/innen als Entscheidungskriterium für die Bewertung von Situationen dienen. Wir definieren Gewalt als ein Verhalten, dass darauf ausgerichtet ist, die individuellen Grenzen einer Person zu überschreiten. Mit einem Menschen wird etwas getan, was dieser nicht will. Sein Wille wird durch Machtausübung gebrochen, da die persönliche Grenze individuell ist. Gewalt ist somit das, was eine Person als Gewalt empfindet. Dieses Definitionsmerkmal umfasst einen Großteil der Situationen, die körperliche, verbale oder psychische Gewaltanwendung wiederspiegeln. Als alleiniges Kriterium zur Bestimmung von Gewaltsituationen reicht es jedoch nicht aus. Viele Situationen, wie z.B. die Schlägerei zwischen Hooligans nach einem Fußballspiel, finden mit dem Einverständnis der geschädigten Personen statt. Trotzdem werden diese Situationen als Gewalt bezeichnet.

Um Gewaltverhalten zu definieren, muss Gewalt also nicht nur als Grenzverletzung, sondern auch als gerichtete oder beabsichtigte

Verhaltensweise angesehen werden, die darauf ausgerichtet ist, andere zu schädigen. Die bloße Einwilligung der Hooligans zu der Schlägerei macht aus der Gewalthandlung keine weniger gewalttätige, denn die schädigende Absicht ist nach wie vor vorhanden. Die Motivation des Gewalthandelnden ist also entscheidend, nicht allein der Kontext, in dem sich die Situation ereignet.

Die beiden genannten Kriterien der Grenzüberschreitung sowie der bewussten Schädigung umfassen nicht alle Situationen von Gewalt. Im Besonderen sind damit die Bereiche nicht zu erfassen, in denen gesellschaftliche Strukturen Gewalt auf Menschen ausüben: *»Gewalt liegt dann vor, wenn Menschen so beeinflusst werden, dass ihre aktuelle somatische und geistige Verwirklichung geringer ist als ihre potenzielle Verwirklichung.«* (Galtung 1975, S. 9) Hierbei wird strukturelle Gewalt als Beeinträchtigung einer Person definiert, die nicht direkt durch individuelle Personen verursacht wird. *»Den Typ von Gewalt, bei dem es einen Akteur gibt, bezeichnen wir als personale oder direkte Gewalt: die Gewalt ohne Akteur als strukturelle Gewalt oder indirekte Gewalt.«* (Ebd., S. 12) Strukturelle Gewalt *»... äußert sich in ungleichen Machtverhältnissen und folglich in ungleichen Lebenschancen«* (ebd.) und entspricht somit der Vorstellung sozialer Ungerechtigkeit. Strukturelle Gewalt kann personale Gewalt bedingen oder unterstützen.

Der Begriff der Aggression sollte nach unserer Einschätzung deutlich vom Begriff der Gewalt abgegrenzt werden. Aggression meint – vom Wort ausgehend – eine dem Menschen innewohnende Disposition und Energie. Mit dem weit gefassten Begriff der Aggression (lat. aggredi = herangehen) ist jedes Verhalten gemeint, das im Wesentlichen das Gegenteil von Passivität und Zurückhaltung darstellt. Aggression bedeutet somit dasselbe wie Aktivität. Im umgangssprachlichen Gebrauch ist diese Definition allerdings wenig sinnvoll, weil darunter im Allgemeinen negatives Verhalten verstanden wird.

Der engere Begriff der Aggression unterscheidet zwischen Verhaltens- und Gefühlsebene und macht eine Differenzierung zwischen Aggression und Gewalt möglich: *»Wenn jemand von sich sagt,* er habe ›Aggressionen in sich‹ oder jemand ›lasse seine Aggressionen raus‹ ... so sind damit aggressive Gefühle, Bedürfnisse und Impulse gemeint. Aggressive Gefühle müssen sich nicht unbedingt in aggressivem Verhalten äußern ... «. (Nolting 1993, S. 92)

Verstehen wir unter Aggression also ein Gefühl, eine Energie oder einen Impuls, dann sind die unterschiedlichsten Möglichkeiten gegeben, diesem Gefühl Ausdruck zu verleihen. Gewalt ist eine dieser Möglichkeiten und stellt die destruktivste Form dar, mit Aggressionen umzugehen. Manch einer entdeckt z.b. den Sport als ein für ihn nützliches Ventil, um Aggressionen abzubauen, ein anderer hört laute Musik und ein Dritter führt lange Gespräche mit Freunden.

Hier können wir ein sehr deutliches Kriterium entdecken, das Aggression von Gewalt unterscheidet. Niemand kann von sich behaupten, niemals in seinem Leben aggressiv gewesen zu sein. Aggressionen sind Bestandteil unserer Gefühlswelt. Gewalt, als eine destruktive Form, Aggressionen auszuleben, ist hingegen ein erlerntes Verhalten, das es ermöglicht, die Aggressionen in eine Handlung umzusetzen.

Pädagogische Arbeit sollte den Jugendlichen Hilfestellung dabei liefern, mit ihren Aggressionen so umzugehen, dass sie weder sich selbst noch andere schädigen. Dabei kann es aber nicht Ziel sein, Aggressionen zu verhindern oder zu negieren. Ein aggressionsfreies pädagogisches Vorbild ist nicht realistisch. Auch Pädagogen/innen haben Aggressionen und werden in bestimmen Situationen aggressiv. Professionalität zeichnet sich in Bezug auf Aggressionen nicht dadurch aus, dass Pädagogen/innen anstreben, niemals aggressiv zu werden, sondern vielmehr den Jugendlichen als Vorbild zu dienen, mit Aggressionen gewaltfrei umzugehen.

Zusammenfassend lässt sich sagen, dass unter Gewalt zumeist gerichtete oder beabsichtigte Verhaltensweisen verstanden werden, die andere schädigen. Dabei wird der Begriff der Gewalt oftmals auf ausgeübte physische Gewalt reduziert. Gewalt wird mit Gewalt-Sichtbarkeit gleichgesetzt. Die Normalität selbst wird nicht auf ihre Gewaltlatenz untersucht. Erweitern wir den Gewaltbegriff auf alle Maßnahmen, mit denen einem angezielten Subjekt etwas gegen dessen Bedürfnisse, gegen dessen Willen angetan werden kann, so sind Verhaltensweisen mitthematisiert, die nicht unmittelbar sichtbar sind. Psychischer Druck, Ausgrenzung, Sticheleien, das Delegieren von Gewalt oder verbale Angriffe werden somit in die Definition einbezogen.

1.2 Erklärungsansätze zur Entstehung von Gewaltverhalten

Zur Erklärung von Gewaltverhalten stehen die unterschiedlichsten theoretischen Ansätze zur Verfügung. Im Wesentlichen wird zwischen psychologischen und soziologischen Betrachtungen unterschieden. Beide Richtungen liefern wichtige Elemente zur Konstruktion von pädagogischen Methoden, die den Jugendlichen Alternativen zur Gewalt näher bringen sollen. Wir haben an dieser Stelle solche Ansätze ausgewählt, die uns hinsichtlich der pädagogischen Arbeit mit Jugendlichen relevant erscheinen.

Als die wohl bekanntesten stehen uns die *Theorien des sozialen Lernens*[1] zur Verfügung. Diesem Ansatz folgend, ist Gewalt nicht eine mechanistische Reaktion auf äußere Einflüsse, Reize und Störungen, sondern ein im Lernprozess erworbenes Verhalten. Dabei spielen im Besonderen die Prozesse des Lernens am Erfolg und des Lernens am Modell eine zentrale Rolle. Lernen am Erfolg liegt vor, wenn ein Verhalten – nach Urteil des Handelnden – zu einem Erfolg führt und daraufhin die Auftretenswahrscheinlichkeit steigt. So lernt schon das Kleinkind, sich mit relativ primitiven Verhaltensweisen Aufmerksamkeit als besondere Art des Erfolges zu verschaffen. Vom Lernen als Modell wird gesprochen, wenn sich bei einem Beobachter eine relativ überdauernde Veränderung seines Verhaltens als Folge der Beobachtung eines Modells erschließen lässt.

Hervorzuheben sind die Lernprozesse in der Familie, in der Freundesgruppe (peer group) und im Medienkonsum. In der Familie fördern z.B. gewalttätige Interaktionsmuster der Eltern, stra-

---

1   Bandura, dargestellt in: Nolting 1993, S. 262ff.

fende Erziehungsweisen oder verdeckte Billigung von Gewalt die Gewaltbereitschaft der Kinder. Außerhalb der Familie bilden Gruppen Gleichaltriger (Peer-Gruppen), denen sich die Kinder/Jugendlichen anschließen, wichtige Vorbilder. Sie sind zugleich eine Quelle der Selbstachtung. Werden in diesen Bezugsgruppen bestimmte destruktive Formen der Aggressionsausübung positiv bewertet und bekräftigt, so kann der Wunsch nach sozialer Anerkennung und Gruppenzugehörigkeit normbildend in Richtung Gewalt wirken. Auch die Massenmedien haben Modellcharakter. Erfolgreich erscheinende gewalttätige Modelle verändern allmählich Werte, Normen und Einstellungen gegenüber Aggressionen. Gewaltbetrachtung befreit nicht von Gewalt, sie fördert Gewaltneigung und sie desensibilisiert gegen Gewalt. Gewalt wird als Problemlösungsmittel verharmlost, Hilfsbereitschaft wird reduziert. Im Alltag durchdringen sich die verschiedenen Lernarten und Lernfelder. Wer in einer besonders gewalttätigen Umwelt aufwächst, hat eine Fülle gewalttätiger Modelle um sich und erlebt Erfolge seiner Gewalt, zumindest in der Form von Aufmerksamkeits- und Prestigegewinn.

Nach der *Anomietheorie*[1] entsteht Gewalt bei Menschen dann, wenn ihre Lebensumstände ihnen keine Chancen zur sozialen Integration und zum sozialen Erfolg lassen. Dies ruft bei den Betroffenen einen Druck hervor, die verinnerlichten Ziele auch mit nichtlegalen Mitteln umzusetzen. So kann z.B. ein männlicher Jugendlicher auch durch sein Gewaltverhalten Stärke und »Coolness« ausdrücken, zwei Werte, die innerhalb unserer Gesellschaft immer mehr zu wichtigen Erfolgszielen für junge Männer geworden sind.

Die *Etikettierungstheorie* (Labeling-Approach-Ansatz)[2] verweist auf die Bedeutung der sozialen Gruppe, wenn sie einem Individuum ein bestimmtes Verhalten zuordnet. Gewalt kann auch das Ergebnis sozialer Definitionsprozesse sein. Nach dieser Theorie verändert die fortlaufende Stigmatisierung eines Menschen (z.B. als gewalttätig

---

1   Merton, dargestellt in: Bründel/Hurrelmann 1994, S. 265ff.
2   Schur, dargestellt in: ebd., S. 269ff.

oder rechtsextrem) seinen Status und sein Selbstbild, das heißt, es nähert sich dem vermeintlichen Fremdbild an. Wenn einem Jugendlichen lange genug vermittelt wird, dass er rechtsextrem ist, beginnt er nach einer gewissen Zeit zu verinnerlichen, dass er rechtsextrem ist. Da Menschen in der Regel versuchen, ihr Selbstbild zu bestätigen, anstatt sich dauerhaft infrage zu stellen, wird dieser Jugendliche solche Situationen vermehrt im Gedächtnis behalten, die ihm die These, dass er rechtsextrem ist, bestätigen. Viel zu oft werden Jugendliche durch solche Stigmatisierungen in Schubladen verpackt, aus denen sie nicht wieder herauskommen.

Die *Dominanztheorie*[1] widerspricht Erklärungsansätzen, die Gewalt (und Rechtsextremismus) auf der Basis von Verarmungs- und Deklassierungsängsten, Bindungslosigkeit, Orientierungslosigkeit und Zukunftsangst zu begründen versuchen, und sieht die Ursache der Gewalt im Vorhandensein einer Dominanzkultur, die nicht mehr zu sättigende Überlegenheits-, Macht- und Besitzansprüche hervorbringt. Dies führt dazu, dass Menschen innerhalb dieser Gesellschaft erleben und erlernen, Konflikte durch Zuhilfenahme von Bemächtigungstendenzen zu lösen. Die zentrale Quelle, aus der sich Dominanzstreben speist, ist die patriarchalische Kultur.

Die bestehenden gesellschaftlichen Verhältnisse bestimmen sich u.a. aus der Existenz einer Dominanzkultur, die uns gelehrt hat, Menschen als ungleichwertig wahrzunehmen. Dies bezieht sich vor allem auf das Verhältnis zu fremden Kulturen und Religionen. Gewalt kann im Rahmen dieser theoretischen Annahme als Mittel gegen den Verlust von Privilegien erklärt werden.

Die Dominanztheorie gibt im Zusammenhang mit gesellschaftlich akzeptierten Ungleichheiten eine Erklärung für die Existenz von Gewaltverhalten, bei denen keine defizitäre Lebenssituation erkennbar ist. Weiterhin deutet sie problematische Orientierungsangebote an junge Menschen an, da die patriarchalische Gesellschaft eine wichtige Quelle für die Übernahme von Ungleichheitsideologien darstellt.

---

1 Holzkamp, dargestellt in: Tillner (Hrsg.) 1994, und Rommelspacher, dargestellt in: Merten; Otto (Hrsg.) 1993.

Der *Desintegrations-Verunsicherungs-Erklärungsansatz* (Heitmeyer u.a. 1995) verbindet Aspekte psychologischer und soziologischer Betrachtungen. Er stellt Zusammenhänge her zwischen Desintegration aufgrund gesellschaftlicher Individualisierungsprozesse sowie sozialen Ungleichheiten und deren subjektiver Verarbeitung durch die Individuen. Desintegration wird zum zentralen Aspekt der Erklärung von Gewalt, wobei sie als eine Kombination von Ausgrenzungs- und Auflösungsprozessen definiert wird, die zumindest in drei Dimensionen auftreten können:

- **Auflösungsprozesse von Zugehörigkeiten und Beziehungen zu anderen Personen oder von Lebenszusammenhängen**

Hier sind im Besonderen die erheblichen Desintegrationspotenziale im primären Sozialisationsfeld Familie von Bedeutung, da besonders durch die ökonomischen Prozesse der Lebensrhythmus auseinander fällt und dies zu Zeitzerstückelungen führt. *»... die Probleme von Kindern und Jugendlichen, ihre Nöte und Wünsche geraten in die Gefahr, vorrangig in die von den flexibilisierten Erwachsenen übrig gelassenen Zeitlücken hineingestopft zu werden. Vereinzelung und Vereinsamung können die Folge sein. Problemlagen können sich anschließen, denn wenn die soziale Verankerung sich auflöst, müssen die Folgen des eigenen Handelns für andere nicht mehr besonderlich berücksichtigt werden.«* (Ebd., S. 65)

Der Bedeutungszuwachs der Gruppe der Gleichaltrigen schafft zu dieser Vereinsamung keine Kompensation, *»... weil sie sich nicht jenen gesellschaftlichen Mechanismen entziehen kann, die über Konkurrenzbeziehungen für das Zerschmelzen der sozialkulturellen Milieus sorgen. Diese Konkurrenzbeziehungen lassen sich nicht aussetzen, sondern sie forcieren, weil sie lebenszeitlich immer früher einsetzen und durch den verlängerten Schulbesuch immer länger auf Dauer gestellt werden, trotz ausgedehnter zeitlicher Zuwendung zu den Gleichaltrigengruppen in der Freizeit den paradoxen Prozess der Vereinzelung in der Gruppe. Denn dort, wo noch Gemeinsamkeiten bestehen, werden sie ... im ›Säurebad der Konkurrenz‹ aufgelöst, weil man unter Konkurrenzdruck nicht das Gemeinsame, sondern die Besonderheit der eigenen Leistung und Person herstellen muss.«* (Ebd., S. 64)

● **Auflösungsprozesse der Verständigung über gemeinsame Wert- und Normvorstellungen**

Ein Mindestmaß gemeinsamer sozialer Werte und Normen ist für den sozialen Zusammenhang relevant. Im Zuge der Ausweitung von Individualisierungsprozessen kommt es zu Verständigungsproblemen über ein Mindestmaß an Wertvorstellungen, da kollektive Verständigungsverluste u.a. durch Enttraditionalisierung von Lebensläufen ansteigen. Neue Verständigungsmöglichkeiten sind gering, »... *da die Anzahl von sozialen Kontakten wächst, aber die Intensität muss (allein schon aus Zeitgründen) abnehmen. Die Probleme in diesem Zusammenhang liegen darin, dass durch die Auflösung der Teilung gemeinsamer Wert- und Normvorstellungen die Chancen für kollektive Gemeinsamkeiten geringer zu werden scheinen, sodass hier auch Ursachen für Vereinzelungserfahrungen und politische Desintegration liegen.*« (Ebd., S. 66)

● **Auflösungsprozesse der faktischen Teilnahme an gesellschaftlichen Institutionen**

Besondere Auswirkungen haben dabei die schulischen und beruflichen Desintegrationserfahrungen vor dem Hintergrund der Verringerung kontinuierlicher Berufsperspektiven, »... *weil die angestrebte gesellschaftliche Positionierung, die Anerkennung von Nützlichkeit und die Stützung des eigenen Selbstwertgefühls tangiert sind*« (Ebd., S. 66).

Wenn Desintegration als Verlust von Zugehörigkeit, Teilnahmechancen oder Übereinstimmung erfahren wird und somit die eigenständige Kontrolle für die Lebensplanung verloren geht, entsteht der Gewaltkontext. Die Auflösungsprozesse, die von einzelnen Individuen als Verlust empfunden werden, führen zu Zukunftsangst, Verunsicherung und Vereinzelung, wobei die subjektive Verarbeitung dieser Erfahrungen die Flucht in Gewalt bedeuten kann.

1.3 Der Prozessverlauf von Gewalt

Der Prozessverlauf von Gewalt verläuft in verschiedenen Stufen (Heitmeyer 1992, S. 121f.). Zuerst erfahren Menschen in diesem Prozess, dass Gewalt normal und zu akzeptieren ist. Sie erleben gewalttätige Verhältnisse im Rahmen ihres Aufwachsens. Gewaltakzeptanz verfestigt sich zur Gewaltbereitschaft. Daraus ergibt sich jedoch noch kein gewalttätiges Verhalten. Hierzu sind verschiedene Voraussetzungen notwendig.

1) Die Sinnhaftigkeit von Gewalt muss gegeben sein, d.h., Gewalt kann attraktiv sein:

- Sie schafft Eindeutigkeit in unklaren, unübersichtlichen Situationen.
- Sie ist eine zumindest augenblickliche Selbstdemonstration der Überwindung von Ohnmacht.
- Sie garantiert Fremdwahrnehmung, die mit anderen Mitteln nicht mehr herstellbar ist.
- Sie verspricht Rückgewinnung von körperlicher Sinnlichkeit als Gegenerfahrung zur Entmündigung der Sinne.
- Sie erweist sich aufgrund von Sozialisationserfahrungen als ein erfolgreiches Handlungsmodell.

2) Jede gewaltagierende Person sucht nach Rechtfertigungsgründen für ihr Handeln. Folgende Legitimationsmuster sind denkbar:

- Das Opfer hat die Gewalt verdient oder das Unrecht der Gewalttat wird verneint. (Gewaltagierende Jugendliche aus der Skinheadszene rechtfertigen ihre Handlung gegenüber Menschen aus Kreisen der Migranten mit Sätzen wie »Wir tun eben das, was die Mehrheit der Bürger nur denkt«.)
- Die Gewalthandlung wird als eine unausweichliche Reaktion dargestellt. Die gewaltagierenden Personen behaupten hilflos, in die Situation hineingetrieben worden zu sein. (»Was passieren muss, das muss passieren.«)

- Dem Opfer wird die Schuld gegeben. Die Gewalthandlung wird zu einer provozierten Reaktion. (»Der hat mich komisch angeglotzt. Hab mich total provoziert gefühlt. Da konnte ich gar nicht anders, ich musste zuschlagen.«)
- Die Gewalthandlung wird als eine unbewusste Handlung dargestellt. (»Ich war total betrunken, kann mich an gar nichts mehr erinnern. Nach dem Komasaufen kann so was schon passieren. Ist doch normal.«)

3) Eine weitere Voraussetzung für eine Gewalthandlung ist die Ausblendung der Opferperspektive, um so eine emotionale Distanz zum Opfer aufzubauen. Die Gewalttat wird dadurch für die gewalthandelnde Person emotional aushaltbar, da die Gewaltfolgen neutralisiert werden. Beispiele für die Neutralisierung:

- Eine »Cool-Sein-Identität« erleichtert die emotionale Distanz zum Opfer, da bereits zu den eigenen Emotionen ausreichend Abstand besteht.
- In der konkreten Gewaltsituation wird entpersonifiziert. Das Gesicht des Opfers wird aus der Wahrnehmung ausgeblendet. Das Opfer wird zum Objekt degradiert.
- Der Einfluss von Drogen erleichtert die Entpersonifizierung des Opfers.

4) Jede Gewaltenstehung hat einen situativen Kontext, der die Gewaltabläufe entscheidend bestimmt:

- Gewalttaten durch Gruppen sind wahrscheinlicher als Gewalttaten Einzelner, weil die Interaktionsabläufe dazu führen, dass eine eigene Verantwortung an die Gruppe delegiert wird.
- Die Reaktionen des Umfeldes können die Gewalt eskalieren lassen, wenn durch stillschweigendes Verhalten oder bestätigendes Verhalten die Akteure stimuliert werden.

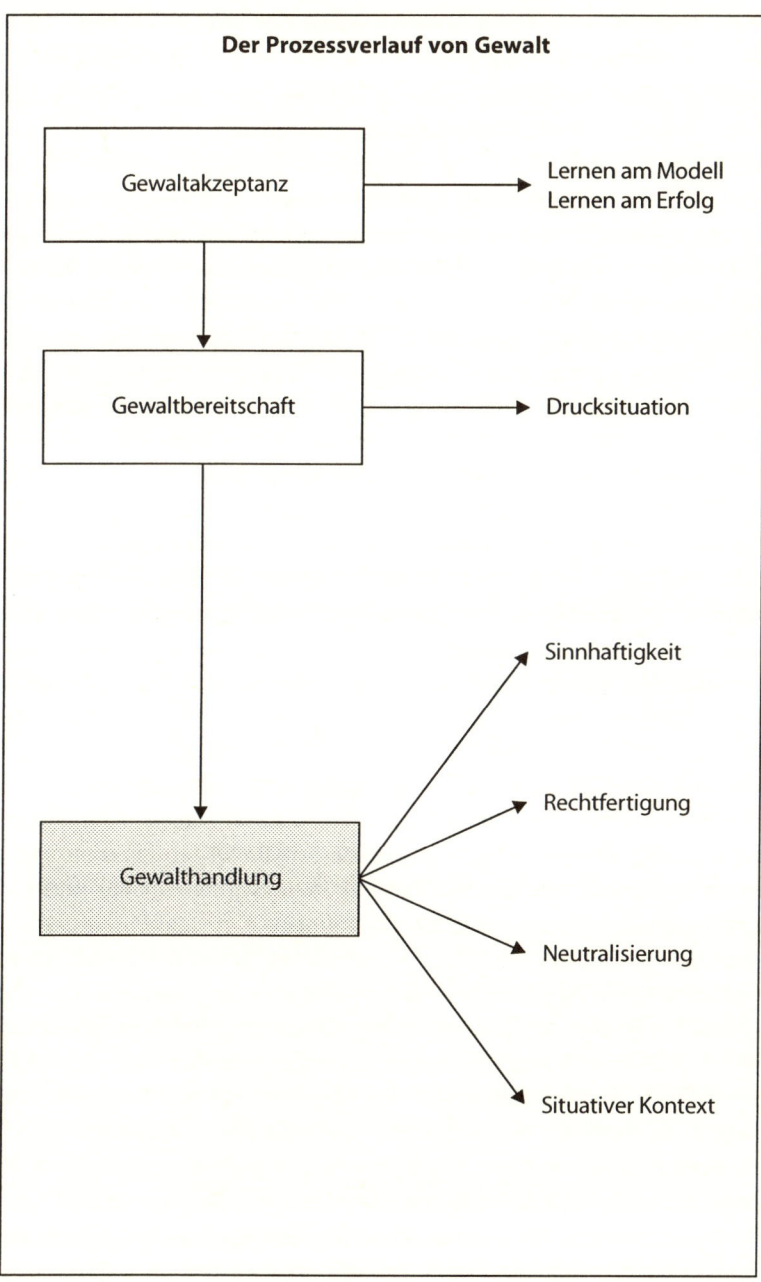

1.4 Geschlechtsdifferenzierende Unterschiede im Gewaltverhalten

Betrachtet man die Ursachenfaktoren, die als Erklärung für Gewaltverhalten dienen, muss festgehalten werden, dass beide Geschlechter diesen ausgesetzt sind. Trotzdem üben vor allem Jungen und junge Männer direkte physische, sexuelle und fremdenfeindliche Gewalt aus.[1] Die Politik reagiert mit Sonderprogrammen und kurzfristigen Interventionsmitteln auf diese offensichtlichen Formen von Gewalt und auch Pädagogen/innen assoziieren mit dem Begriff Gewalt meist zuerst ihre männlichen Klienten. Aber Mädchen sind nicht gewaltfrei und sind nicht nur die Opfer von männlicher Gewalt, sondern können auch Täterinnen sein. Dieses Bild ruft bei Pädagoginnen und Pädagogen gleichermaßen immer wieder Erstaunen hervor. Für die Praxis sind nach unserer Einschätzung zwei Fragen relevant. Zum einen die Frage, wie Frauen und Mädchen im Gegensatz zu Männern und Jungen Gewalt ausüben, und zum anderen, warum sich die Form der Gewalt durch Frauen und Mädchen von denen der Jungen und Männer unterscheidet. Nur bei der Betrachtung dieser Fragen kann die pädagogische Praxis adäquat mit beiden Geschlechtern umgehen und auch die gewalttätigen Anteile der Mädchen problematisieren. Bei der Betrachtung weiblichen Gewaltverhaltens und der Verstrickung von Frauen in bestehende Gewaltverhältnisse darf jedoch nicht vergessen werden, dass in der Konfrontation beider Geschlechter die Frauen und Mädchen immer noch und immer wieder die Unterlegenen sind.

Gewaltverhalten von Mädchen und Frauen

Frauen sind nicht das friedliche Geschlecht, sondern verfügen über ein ebenso großes Aggressionspotenzial wie Männer und verhalten sich in vergleichbarem Maße destruktiv-aggressiv. Durch eine ein-

---

1   So zeigt z.B. eine Auswertung der Berliner Strafverfolgungsstatistik für den Zeitraum von 1988 bis 1991, dass der Anteil männlicher Personen an den Abge- und Verurteilten bei Gewalt- und Rohheitsdelikten teilweise deutlich über 90% liegt (Senatsverwaltung für Inneres, Hrsg., 1994, S. 59).

geschränkte Definition von Gewalt auf die unmittelbare körperliche Schädigung eines anderen werden Frauen als weniger gewalttätig eingeschätzt.

Die geringe Anzahl von Frauen innerhalb der Kriminalstatistik hinsichtlich von Gewaltdelikten lässt keinen Rückschluss auf weniger gewalttätiges Verhalten von Frauen zu. Da die meisten empirischen Untersuchungen von Gewaltverhalten sich auf offen sichtbare, körperliche Gewalt begrenzen, schränken sie das Sichtfeld auf andere Formen destruktiv ausgedrückter Aggression ein (Heyne 1993, S. 81f.). Alternativen zu körperlichen Formen der Schädigung und Grenzüberschreitung von anderen können nicht erfasst werden. Kriminalstatistik und empirische Untersuchungen belegen also lediglich, dass Frauen weniger offen sichtbare, körperliche Formen von Gewaltanwendung eigen sind.

Frauen üben nicht nur indirekte Formen destruktiv-aggressiven Verhaltes aus, wie z.b. Ausgrenzen, Entwerten, Delegieren von Gewalt oder autoaggressives Verhalten (psychosomatische Erkrankungen, Essstörungen oder Medikamentenkonsum), sondern haben ebenso direkte gewalttätige Verhaltensmuster, wie z.b. verbale Angriffe (beschimpfen, bloßstellen, hetzen, demütigen, entwerten, hänseln, lächerlich machen und dauernde Vorwürfe). Die schädigende Absicht sowie die Grenzverletzung gegenüber anderen ist hier ebenso enthalten wie in einem körperlichen Angriff.

Frauen delegieren Gewalt an Männer, wenn sie dieses Verhalten ausdrücklich gutheißen und unterstützen (ebd., S. 97).

Der kleine Martin kommt vom Spielen nach Hause. Er hat beim Fußball eine Fensterscheibe kaputtgemacht. Die Mutter erfährt die Geschichte und sagt zu Martin: »Warte nur bis Vater nach Hause kommt.«

Diese Mutter akzeptiert die Form der Arbeitsteilung in der patriarchalisch strukturierten Gesellschaft, in der den Männern direktes, körperliche destruktiv-aggressives Verhalten zugedacht ist.

Frauen (und Männer) sind gewalttätig, indem sie andere (Kinder, Partner, Freunde) entwerten und sich selber damit bedeutender und wertvoller darstellen. Hier werden die Mechanismen der Dominanzkultur deutlich. Der Schritt zur körperlichen Gewaltanwendung wird geringer, je weniger das Gegenüber als wertvoll genug betrachtet wird, nach menschlich-ethischen Maßstäben behandelt zu werden.

»Die überwiegende Mehrzahl aller Mädchen reagiert jedoch entsprechend des gelernten traditionell weiblichen Rollenspektrums. Die täglichen Gewalterfahrungen, die erlebten Einschränkungen in der persönlichen Entfaltung, die einengenden Lebensbedingungen verarbeiten Mädchen subjektiv nicht so, dass sie Wut, Ärger und Aggression auf andere richten, sondern indem sie sie gegen sich selbst richten.« (Flesch 1992, S. 31)

Frauen tragen durch die Akzeptanz (hinnehmen, leugnen, erleiden, übersehen) des männlichen Gewalthandelns zur Stabilisierung und Eskalation von Gewaltverhältnissen bei (Mittäterschaftsthese). Dies geschieht sowohl im gesamtgesellschaftlichen Zusammenhang durch die Akzeptanz der überhöhten Werthaftigkeit von Männern als auch im persönlichen Zustand einer einzelnen Frau durch das Hinnehmen von patriarchalen Strukturen im persönlichen Umfeld. Dabei hat die gesellschaftliche oder persönliche Mittat der Frau selbstverständlich nicht das Ziel, Gewalthandlungen gegen sie herbeizuführen, sondern ... *»Frauen leben in Gewaltbeziehungen und ertragen diese jahrelang, weil sie das ›Danach‹ fürchten.«*[1]

Gewaltverhalten von Jungen

»Jungen neigen zu einer offeneren, d.h. körperlich aggressiveren Konfliktaustragung als Mädchen.« (Walker 1995a, S. 12) Jungen, die das gesellschaftliche Postulat der Dominanz und der Konkurrenz in ihre Identität einbeziehen, unterliegen dem Stress, stets wahrgenom-

---

1 Bütow in: Behn; Heitmann; Voß (Hrsg.) 1995, S. 44

men zu werden und sich durchsetzen zu müssen. In diesem Sinne tragen sie Konflikte aus und werden auch in diesem Verhalten bestätigt. Zur Verdeutlichung vier Beispiele:

Zwei kleine Jungen spielen auf dem Kinderspielplatz und streiten sich plötzlich um ein Spielzeug. Beide Jungen fassen das Spielzeug an und zerren mit aller körperlicher Kraft daran. Jeder Junge will stärker sein und das Spielzeug erobern. Die beobachtenden Eltern reagieren nicht. Wie hätten sich die Eltern verhalten, wenn die beiden Jungen Mädchen gewesen wären?

In einer offenen Jugendeinrichtung kann man beobachten wie Jungen und Mädchen unterschiedlich die Einrichtung betreten. Ein Junge kommt polternd und lautstark in die Einrichtung. Manche schreien, damit auch die letzte Person sie erschrocken wahrnimmt. Mit geschwollener Brust, verbogener Körperhaltung und cooler Mimik und Gestik werden die üblichen Begrüßungsrituale vollzogen. Der Raum ist betreten und erobert. Mädchen dagegen kommen still und leise in die Einrichtung und verschwinden unmittelbar in der Mädchentoilette.

Zwei Jungen erfahren, dass sie sich für das gleiche Mädchen interessieren. Sie verabreden Ort und Zeit einer »Entscheidungsschlacht«. In dieser Auseinandersetzung schlagen die beiden Jungen grenzenlos und mit erheblicher Verletzungsabsicht aufeinander ein. Auch das Mädchen ist anwesend und beobachtet aus einem gewissen Abstand das Geschehen. Vier Pädagogen gehen dazwischen und bleiben dabei nicht unverletzt.

Ein 14-jähriger männlicher Jugendlicher muss in das Krankenhaus gefahren werden. In einem »Mutspiel« ließ er sich von seinen Freunden mit einem Schläger ständig auf die Hand schlagen. Auf der Fahrt zum Krankenhaus betrachtet sich der Junge seine erheblich verletzte Hand, ließ sich keinen Schmerz anmerken und sagte zu mir mit stolzem Gesichtsausdruck:»Schau mal, was ich ausgehalten habe!«

Ein Teil der männlichen Jugendgeneration definiert sich durch körperliche Gewalt. Botschaften wie »Der Stärkere setzt sich durch«, die sie während ihres Aufwachsens wahrgenommen haben, werden radikalisiert. Stimulierende Erlebnisse und eigenes Wahrnehmen vollzieht sich nur noch in gewalttätigen Handlungsabläufen. Peergroups verstärken diese Selbstdefinition. Andere Identitätsentwürfe werden verleugnet und/oder abgewehrt. Dominanzverhalten führt zu vielfältigen Problemen in der Entwicklung der männlichen Jugendlichen. Sie müssen ihre Gefühlswahrnehmung einschränken, setzen sich ständigen Verletzungen aus, erfahren auch in Peergroups letztendlich keinen Zusammenhalt und vereinsamen in einem fortlaufenden Prozess. Die Helden bleiben auf der Strecke. Im sozialen Training ist die geschlechtsdifferenzierte Arbeit zur Selbstdefinition für Jungen ein wichtiger Teil gewaltpräventiver Maßnahmen.

Ursachen für geschlechtsdifferenzierende Unterschiede im Gewaltverhalten

Die Ursache für die geringere Anwendung von körperlicher Gewalt durch Frauen liegt in der geschlechtsrollentypischen Sozialisation von Mädchen und Jungen begründet. Körperliche Auseinandersetzungen – auch in spielerischer Form – gehören zum normalen Verhaltensrepertoire von Jungen, während sie bei Mädchen eher die Ausnahme bilden. An das jeweilige Geschlecht werden bestimmte Verhaltenserwartungen gerichtet.

Am sichtbarsten und auch am leichtesten nachvollziehbar wird der Unterschied zwischen den Arbeitsbereichen, mit denen sich Frauen und Männer beschäftigt haben und immer noch beschäftigen. An Frauen, die traditionell in den meisten Gesellschaftsformen den Arbeitsbereich der Reproduktion übernehmen wird die Erwartung der Fürsorge und des Ausgleichens gerichtet, was unmittelbar zur Erfüllung des genannten Arbeitsbereiches erforderlich ist. An Männer, die bei dieser Form der Arbeitsteilung den Bereich der Produktion innehaben, wird die Erwartung, sich durchzusetzen und er-

folgreich zu sein, gerichtet. Destruktiv-aggressives Verhalten ermöglicht es dabei, den männlichen Verhaltenserwartungen zu entsprechen, denn Erfolg und Durchsetzung im Arbeitsleben sind in
erster Linie durch das Umsetzen der eigenen Interessen möglich
und nicht durch die Rücksichtnahme auf Interessen der Kollegen.
Diese Arbeitsteilung wird – obwohl sie eigentlich nicht mehr notwendig ist – innerhalb der Sozialisation von Männern und Frauen
reproduziert und aufgrund der Akzeptanz zur alltäglichen Selbst-
verständlichkeit (ebd., S. 51).

Die Verhaltenserwartungen der Gesellschaft an Frauen sind
nicht vereinbar mit Gewalttätigkeit im traditionellen Sinne des Ge-
waltverständnisses (als direkte körperliche Gewalt). Gewaltausübung ist ein für Männer und Jungen als legitim anerkanntes Mittel der Aggressionsabfuhr. Weibliche Sozialisation zeichnet sich
hingegen dadurch aus, dass Mädchen dazu erzogen werden, de-
struktiv-aggressive Impulse zu unterdrücken und Verständnis für
andere zu entwickeln. Angst wird Mädchen eher zugestanden als
Jungen, destruktiv-aggressives Verhalten hingegen wird bei Jungen
eher geduldet, wenn auch nicht immer gefördert. Frauen entwickeln so eine Form von Gewaltverhalten, dass der allgemeinen Ge-
waltdefinition, die auf das körperliche beschränkt bleibt, nicht entspricht und somit auch eher geduldet werden kann.

Betrachtet man die Sozialisation aus kognitionspsychologischer
Sicht, erklärt sich die Übernahme von geschlechtsrollentypischen
Verhaltensweisen noch auf eine andere, für die pädagogische Arbeit
sehr interessante Art. Das Kind gelangt im Alter von fünf bis sechs
Jahren zu der Erkenntnis, dass es einem bestimmten Geschlecht an-
gehört. Es beginnt, zur Stabilisierung seiner eigenen Person Eigen-
schaften und Verhaltensmuster zu erwerben, die als männlich oder
weiblich kategorisiert werden. Durch Lernen am Modell und die
Identifikation mit gleichgeschlechtlichen Vorbildern verinnerlicht
das Kind stereotype Geschlechtsrollenbilder, die ihm durch seine
Umwelt vorgegeben werden. Da auch heute noch Erziehungsarbeit
im Wesentlichen von Müttern geleistet wird, sind Mädchen bei der
Ausbildung von Geschlechtsidentitäten eindeutig im Vorteil. Denn
Jungen werden in ihrer Identitätsentwicklung nicht begleitet, müs-

sen sich an abstrakten Bildern orientieren. Greifbare Orientierungs- und Auseinandersetzungsangebote von erwachsenen Männern sind eher selten. In den Erziehungsinstanzen sind sie kaum anzutreffen. Jungen brauchen aber interessante männliche Erwachsene.

Defizitäre Lebenssituationen verstärken bei Jungen den Zwang zum Dominanzverhalten und bei Mädchen den Zwang zum Anpassungsverhalten. Für Jungen, die Dominanzverhalten sozialisationsbedingt verinnerlicht haben, haben defizitäre Alltagserfahrungen Unterlegenheit als bestimmende Lebenserfahrung zur Folge. Dieses Unterlegenheitsgefühl kann u.a. durch Gewalt als Machtgefühl ausgeglichen werden, um das Selbstwertgefühl zu stärken. Mädchen können Anerkennung auch heute noch innerhalb tradierter Geschlechtsrollenbilder erfahren, wenn defizitäre Lebenserfahrungen ein Unterlegenheitsgefühl hervorrufen. Sie können durch den Rückzug in ein altes Rollenbild (z.B. »Heimchen am Herd«) ihr Selbstwertgefühl stärken.

Verallgemeinernd lässt sich sagen, dass Jungen in ihrer Sozialisation die Botschaft erfahren »Sei überlegen« und die Mädchen die Botschaft »Passe dich an«. Beide Postulate bilden eine Symbiose, es entsteht sozialisationsbedingt die Bereitschaft zum Leben in hierarchischen Strukturen (und damit in strukturellen Gewaltverhältnissen), die durch Über- und Unterordnung gekennzeichnet ist. Jede Form der passiven Gewaltakzeptanz bei Frauen und Mädchen führt dazu, dass das Dominanzverhalten der Männer bestätigt, und dass das Leben in hierarchischen Strukturen zementiert wird.

Mädchen bringen ebenso wie Jungen Gewaltpotenziale in den pädagogischen Prozess ein. Der Anteil der Mädchen muss thematisiert und ihnen deutlich gemacht werden. Das Fokussieren des pädagogischen Blickes auf die körperlichen und offen sichtbaren Gewaltanteile der Jungen – mit einer deutlich ablehnenden Bewertung – darf nicht das Signal an die Mädchen aussenden, dass sie an dem Prozess nicht beteiligt wären oder ihr Verhalten als besser zu bewerten wäre. Es verlangt einen sehr wachen Blick durch die Mitarbeiter/innen einer Institution, auch das Verhalten der Mädchen im

Hinblick auf die Definition von Gewalt zu beobachten und deutliche Signale zu setzen.

Eine Gruppe von Mädchen, die noch nicht lange in der Einrichtung ist, kommt an einem Nachmittag geschlossen herein. Sie setzen sich zu den anwesenden Jungen und die Stimmung wird aufgeregter. Die Jungen verlassen kurze Zeit später die Einrichtung. Die Mädchen bleiben zurück und möchten Kaffee trinken. Die Pädagogen/innen finden dieses Verhalten der Jungen sehr untypisch und möchten von den Mädchen wissen, was los ist. Die Mädchen weigern sich kurze Zeit, erzählen dann aber doch, was passiert war. Sie sind am U-Bahnhof von einer Gruppe Jungen »angemacht« worden und haben nun »ihre« Jungen weggeschickt, um das Problem zu erledigen. Das Ergebnis ist eine Massenschlägerei am U-Bahnhof.

Dass Gewalt eine ganze Reihe von Verhaltensweisen umfassen kann, und dass jemand an einer Gewalthandlung beteiligt sein kann obwohl er/sie nicht die Hand erhoben hat, war den Mädchen in der nachfolgenden Auseinandersetzungen vollkommen unklar. Die pädagogische Praxis muss nach unserer Einschätzung zum einen darauf bedacht sein, auf alle Formen von Gewaltverhalten zu reagieren. Dazu gehören nicht nur die körperliche Auseinandersetzung, sondern auch Formen von Ausgrenzung, Sticheleien, verbalen Angriffen, die Delegation von Gewalt und der Bereich der Gewalt gegen die eigene Person. Um eine Änderung des Verhaltens zu bewirken, ist die Einsicht der Jugendlichen notwendig, dass sie gewalttätig handeln. Dies bedeutet zum Zweiten, dass das Verhalten der Jugendlichen immer wieder zum Thema gemacht werden muss. Nur eine kontinuierliche Auseinandersetzung mit dem eigenen Verhalten, egal ob Mädchen oder Junge, kann die Möglichkeit der Verhaltensänderung bewirken.

2. Deeskalation von Gewaltsituationen im pädagogischen Alltag

Da der Begriff der Deeskalation in den letzten Jahren vermehrt in den Medien in den verschiedensten Zusammenhängen genannt wird, halten wir es für sinnvoll, eine Definition bezogen auf die konkrete pädagogische Arbeit einzubringen. Deeskalation wird von uns nicht verstanden als eine Strategie der Beschwichtigung, um den aktuellen Zustand beizubehalten und einer eventuellen Veränderung der Situation entgegenzuwirken (Besemer 1999, S. 123). Vielmehr zielt die Deeskalation von konkreten Gewaltsituationen in der Jugendarbeit auf eine Klärung des Konfliktes mit gewaltfreien Mitteln hin. Neben der eindeutigen Positionierung der Pädagogen/innen bezüglich der Gewaltanwendung beinhaltet sie in diesem Sinne immer auch eine Alternative zur Gewalt. Es geht also nicht um ein »Abwiegeln« der Interessen der Konfliktparteien oder gar um eine Bevormundung oder Unterdrückung, sondern um die Abwendung von Schaden für die Konfliktparteien oder das unmittelbare Umfeld. Deeskalation meint die Verhinderung oder Unterbrechung direkter Gewaltausübung, soll also destruktive Prozesse unterbrechen, um konstruktive Klärungen zu ermöglichen. Schon aus diesem Grunde sollte jede Deeskalationsmaßnahme von ihrem Charakter eine schützende und nicht verletzende Maßnahme sein.

Deeskalation kann nicht als alleinige Methode wirken, sondern ist immer nur Teil der gesamten pädagogischen Arbeit. Das Rahmenkonzept der Gewaltfreiheit im Umgang mit Konflikten sowie die an die Deeskalation anschließende Konfliktbearbeitung z.B. durch Mediation macht die Intervention in der Gewaltauseinandersetzung erst zu dem pädagogischen Lernprozess, der letztendlich Gewalt reduzierend wirken kann.

Pädagogen/innen wissen zumeist, wie sie »ihre Jugendlichen« beruhigen und so Eskalationen abschwächen können. Entscheidend für die Entwicklung der Jugendlichen sind jedoch Lernprozesse, die sie zum eigenständigen Verzicht auf Gewalt qualifizieren. Die Deeskalation als schützende Maßnahme und als Unterberechung des Gewaltaktes ist in jedem Fall notwendig. In der realen Lebenswelt der Jugendlichen, außerhalb des pädagogisch betreuten Raumes jedoch, deeskaliert niemand ihre Konflikte. Mit den Jugendlichen muss an ihrer ganz individuellen Reizschwelle gearbeitet werden. Durch das Sichtbarmachen der persönlichen Gewaltauslöser und konfrontatives Training der eigenen Reizschwelle können Jugendliche lernen auch in nicht pädagogisch betreuten Situationen ihr Gewaltverhalten im Griff zu haben.

Die schützende Deeskalation steht in Anhängigkeit zu folgenden Fragestellungen:

- Welcher Konflikt mit welcher Intensivität soll deeskaliert werden?
- Wo liegen die Stärken der Pädagogen/innen, die in der konkreten Situation eingesetzt werden?
- Welche institutionellen Rahmenbedingungen unterstützen oder behindern den Deeskalationsprozess?

2.1 Die eigenen Stärken nutzen – welches Interventionsverhalten entspricht meiner Person?

Jede Deeskalation ist personenabhängig. Menschen reagieren unterschiedlich in gleichen Situationen, verfügen über unterschiedliche Erfahrungen und Ressourcen. Es gibt nicht die allgemein gültige Deeskalationsstrategie, sondern Interventionsmöglichkeiten müssen sich an den Stärken und Grenzen der einzelnen Pädagogen/innen orientieren. Dennoch lassen sich unterschiedliche persönlichkeitsbedingte Interventionshaltungen mit entsprechenden Interventionsmöglichkeiten darstellen.

Der offensive Typus (Kampftypus)

Der Kampftypus hat Zugang zu seinen Energien und greift unmittelbar in das Geschehen ein, notfalls auch mit körperlichen Interventionen. Seine Vorteile sind: sofortige und schnelle Reaktion, Grenzen aufzeigen, sich nicht zurückdrängen lassen, Aufmerksamkeit auf seine Person ziehen, auch auf einer fortgeschrittenen Eskalationsstufe noch handlungsfähig sein. Nachteile können sein: Überschätzung der eigenen Person, hohes Selbstgefährdungsrisiko, eventuell wirkt verfrühtes Eingreifen pädagogisch fremdbestimmend, eventuell können Eskalationen sogar verstärkt werden, der pädagogische Blick kann verloren gehen. Mögliche Interventionen sind:

- körperliche Trennung (Abstand schaffen:»Aus den Augen, aus dem Sinn«),
- bei Konflikten zwischen zwei Personen Anwendung der so genannten»Leberwurststrategie«, das heißt zwischen die Konfliktparteien treten und beide körperlich wegdrängen (siehe auch unter 2.6.4.),
- lautstarke Trennung,
- »Abschreckung« durch deutliches Auftreten.

Der vorsichtige Typus (Fluchttypus)

Der Fluchttypus vermeidet die direkte Konfrontation mit dem Gewaltgeschehen oder dem Aggressor. Er nutzt seine Energien, um sich der Konfliktsituation zu entziehen. Seine Vorteile sind: geringes Selbstgefährdungsrisiko, Sensibilität für Frühwarnsignale, Zeitgewinn, Erkennen der Fluchtmöglichkeit als einzige Deeskalationsmöglichkeit. Nachteile können sein: der Verlust pädagogischer Autorität, der Verlust von Kollegialität, direktes Eingreifen in das Geschehen nicht möglich. Mögliche Interventionen können sein:

- eigene Flucht,
- die Aufforderung an eine der Konfliktparteien, sich dem Gewaltgeschehen zu entziehen (Abstand schaffen),
- Möglichkeit, Hilfe von außen zu holen.

Der handlungsunfähige Typus (Schrecktypus)

Keinen Zugang zu seinen Energien hat der Schrecktypus. In einer Gewaltsituation verharrt diese Person. Auch wenn sie handlungswillig ist, bleibt sie handlungsunfähig. Der Vorteil dieses Typus ist: Erstarren kann vor Angriff schützen und Empathie bei den Konfliktparteien erzeugen. Der Nachteil kann sein: keine Einflussmöglichkeit auf die Gewaltsituation durch eigenes Handeln.

Ein Schrecktypus muss nicht handlungsunfähig bleiben, sondern braucht Möglichkeiten zur Reflexion und zur Vorbereitung, zum Ausprobieren von Interventionen, zum Trainieren »kleiner Schritte« der Deeskalation. Eine direkte Konfrontation mit den gewaltausübenden Personen wäre zumeist eine Überforderung, aber auch andere Aktivitäten verändern eine Gewaltsituation. Mögliche Interventionen:

- indirekte Deeskalation durch Beschwichtigung des Umfeldes,
- Beseitigung gewaltverstärkender Signale (wie z.b. laute Musik),
- Veränderung der äußeren Bedingungen (z.b. Einschalten von Licht),
- Hilfe von außen organisieren.

Der kommunikative Typus

Der kommunikative Typus hat in Gewaltsituationen Zugang zu seinen kommunikativen Ressourcen. Kommunikative Strategien stellen Kontakte her und stören somit den Handlungsablauf der gewalttagierenden Personen. Die Kontaktherstellung wirkt der so genannten Neutralisierung entgegen. Die Vorteile sind: Ablenkungs- und Verzögerungsmöglichkeiten, die Wiederherstellung der nicht-körperlichen Kommunikation. Reden regt zum Nachdenken bei den Konfliktparteien an. Die Nachteile können sein: Die kommunikative Intervention erreicht die gewalthandelnden Personen nicht mehr (z.B. wegen eines Kontrollverlustes oder Drogenwirkung) oder wirkt nicht zwischenmenschlich kontaktierend, sondern reizverstärkend. Mögliche Interventionen sind:

- beruhigendes und nicht provozierendes Reden mit der Konfliktpartei,
- beruhigende und nicht aggressive, defensive Körpersprache,
- verbindlicher Augenkontakt bei Einbehaltung eines unaufdringlichen Abstandes zur gewaltagierenden Person.

Der ideenreiche Typus (Kreativtypus)

Der kreative Typus versucht durch ideenreiche Ablenkungsstrategien den für gewalthandelnde Personen gewohnten Gewaltablauf zu unterbrechen. Sein Vorteil ist die Schaffung von Überraschungseffekten und damit die Möglichkeit zum Gewaltabbruch. Der Nachteil kann sein: Gewaltagierenden Personen fühlen sich nicht ernst genommen, was ihr gewalttätiges Verhalten noch verstärken könnte. Mögliche Interventionen:

- Aufmerksamkeit auf sich ziehen, z.B. durch hysterisches Agieren,
- »paradoxe Interventionen«.

Dazu zwei Beispiele:

Ein Jugendlicher stellt sich mit erhobener Faust vor einen Pädagogen. Aus seiner Körperhaltung ist zu erkennen, dass er offensichtlich zuschlagen will. Der Pädagoge reagiert, indem er den Jugendlichen fragt, ob dieser Angst vor ihm hätte. Der Jugendliche, dessen Intention es war, dem Pädagogen Angst zu machen, kann diese Annahme nur verneinen, indem er die erhobene Faust senkt. Tut er dies nicht, würde er eingestehen, dass er Angst hätte.

Zwei Jugendliche geraten in Streit und wollen sich schlagen. Der Pädagoge geht dazwischen und sagt deutlich: Einen Moment bitte, ich räume noch kurz die Stühle weg, damit ihr euch bei der Schlägerei nicht wehtut. Die Jugendlichen schauen verblüfft.

Ebenfalls dem kreativen Typus zuzuordnen sind jene, die Konflikte entschärfen, indem sie die Konfliktparteien ablenken, z.b. durch das Anbieten von Aktivitäten oder Betreuung:

Auch hierzu ein Beispiel:

> *Eine Streetworkerin versucht mit allen pädagogischen Möglichkeiten im Vorfeld eine Gruppenauseinandersetzung zu verhindern. Doch der Versuch, attraktive Gegenangebote zur »letzten Schlacht« anzubieten, scheitern. Sie begibt sich zum Ort des Geschehens. An einer Straßenkreuzung haben sich die verfeindeten Gruppen gegenüber aufgebaut. Es ist dunkel. Die Streetworkerin ist mit einem zusammengerollten Teppich und einer Petroleumleuchte bestückt. Sie grüßt beide Gruppen, geht zur Kreuzungsmitte, legt den Teppich aus, setzt sich dorthin und winkt mit der Petroleumleuchte, damit kein Auto sie anfährt. Vertreter beider Gruppen, die die Streetworkerin schätzen, versuchen jetzt engagiert, sie zu überzeugen, die »gefährliche Straßenmitte« zu verlassen. Zu der Schlägerei kommt es nicht mehr.*

Die dargestellten Interventionstypen wurden am Beispiel gewalttätiger Auseinandersetzungen entwickelt. Sie sind aber auch generell nutzbar. So wäre der offensive Typus als jemand zu verstehen, der sich oftmals – ohne die Folgen zu bedenken – in Konfliktsituationen einbringt. Der vorsichtige Typus wäre als jener zu verstehen, der Auseinandersetzungen scheut. Eine ausschließliche Festlegung einer Person auf einen dieser »Konflikttypen« ist kaum möglich. Für jeden Menschen ergeben sich Situationen, in die er eingreifen kann und andere, die ihn so verschrecken, dass eine Reaktion nicht möglich ist. Wichtig für die pädagogische Arbeit ist es zu erkennen, in welchen Situationen Pädagogen/innen wie reagieren. So wird es möglich, adäquat in Konflikte einzugreifen oder aber Hilfe zu holen, wenn ein persönliches Eingreifen nicht möglich ist.

2.2 Was berechtigt mich, in einen Konflikt einzugreifen?

Die Intervention von Pädagogen/innen in einen Konflikt hängt nicht nur von deren persönlichen Stärken und Grenzen ab, sondern auch davon, ob sie die Berechtigung zum Eingreifen haben. Unter *Interventionsberechtigung* wird hier verstanden, dass die Pädagogen/innen in einem Konflikt von den Jugendlichen als Intervenierende akzeptiert werden.

Die Interventionsberechtigung muss erworben werden (vgl.: Kraußlach 1981). Niemand ist aufgrund seines Status, Titels oder Amtes von vornherein interventionsberechtigt. Es ist kein eigenständiges Recht, sondern es wird von den Jugendlichen selbst erteilt, muss ständig erneuert und kann bei Missbrauch auch entzogen werden. Um eine Interventionsberechtigung zu erwerben, müssen folgende Voraussetzungen erfüllt sein:

- Pädagogen/innen müssen durch kontinuierlichen Kontakt zu den betreffenden Jugendlichen die Basis einer vertrauensvollen Beziehung geschaffen haben, damit sie in kritischen Situationen Interventionschancen haben.
- Pädagogen/innen müssen selbst eine eindeutige Haltung zur Frage der Konfliktregelung mittels Gewalt aufzeigen, damit sie im Konflikt auch glaubwürdig sind.
- In der konkreten Deeskalation darf die eingreifende Person ihre allparteiliche und faire Grundhaltung nicht verlassen. Deeskalation bewertet den Konflikt nicht, sondern versucht Schaden für die Beteiligten abzuwenden.
- Pädagogen/innen sind bereit, sich nicht vor dem Konflikt zu drücken (»wegzusehen«), sondern den Konflikt aufzugreifen. Hierzu muss allerdings beachtet werden, dass die Konflikt- und Handlungsfähigkeit von Pädagogen/innen nicht immer konstant und u.a. auch tagesformabhängig ist. Daher ist es nötig, seine (Tages)befindlichkeit im Team mitzuteilen, damit in konkreten Situationen jede Person weiß, wer eingreifen kann und wer nicht.

Die höchste Stufe der Interventionsberechtigung entsteht durch eine gemeinsame Absprache zwischen Pädagogen/innen und Jugendlichen über mögliche Deeskalationen in schwierigen Situationen. Mit den Jugendlichen, die bereits in Gewaltsituationen involviert waren, wird über Möglichkeiten des Eingreifens seitens der Pädagogen/innen gesprochen. Ein Beispiel:

> *»Bei Gewalt kann ich nicht zuschauen. Ich will nicht, dass du oder andere verletzt werden. Aber was kann ich tun, damit nichts passiert, oder was sollte ich keinesfalls tun?« Mögliche Antworten der Jugendlichen könnten sein: »Wehe, du fasst mich an!«, oder: »Halte mich 30 Sekunden fest, dann geht's mir wieder besser«, »Wir vereinbaren ein Code-Wort, das hilft mir als Stopp-Signal«, »Hole meinen Freund, der hält mich ab« oder »Wenn deine Kollegin dazwischengeht, ist es o.k.«.*

Werden auf der Grundlage eines solchen gemeinsamen Verständigungsprozesses Deeskalationsaktivitäten entfaltet, geschehen diese ohne pädagogische Fremdbestimmung und in gegenseitiger Akzeptanz.

In der Teamarbeit ist es nützlich zu wissen, wer in der akuten Situation die höchste Interventionsberechtigung und Konfliktfähigkeit innehat. Bei niedriger Interventionsberechtigung (z.B. Konflikt mit unbekannten Jugendlichen) sollte versucht werden, während der Deeskalation eine Interventionsberechtigung zu erwerben. Dies geschieht z.B. durch:

- Aufmerksamkeit auf sich ziehen,
- Kontakt aufnehmen (in die Augen schauen),
- eigenen Standpunkt verbindlich und erklärend vermitteln,
- gegebenenfalls beruhigend auf die Konfliktparteien einwirken,
- gegebenenfalls ablenken (eine gemeinsame Aktion vorschlagen).

Bei jeder Form der Intervention sollte darauf geachtet werden, dass eine Eigengefährdung möglichst gering gehalten wird. In einer gewalttätigen Auseinandersetzung reagieren die Konfliktparteien nur selten auf Reaktionen aus dem Umfeld. Körperliches »Dazwischengehen« oder Schreien sind oft die einzigen Möglichkeiten, Aufmerksamkeit zu erfahren. Das körperliche Eingreifen ist zumeist nicht so gefährlich, wie oftmals angenommen wird. Wenn eine Interventionsberechtigung vorhanden ist und die Konfliktparteien in der Lage sind zu erkennen, wer in ihre Auseinandersetzung eingreift, werden sie die Pädagogen/innen nicht absichtlich schädigen. Bei fremden oder alkoholisierten Jugendlichen ist die Interventionsberechtigung nicht vorhanden. Hier kann ein körperliches Eingreifen für die Pädagogen/innen zur Gefahr werden.

Den Einwand, dass Frauen aufgrund ihrer körperlichen Konstitution weniger Möglichkeiten haben, können wir aus unserer Erfahrung nicht bestätigen. Im Gegenteil werden Frauen weit weniger als potenzielle Gegner betrachtet als ihre männliche Kollegen, laufen also weniger Gefahr, geschädigt zu werden. Männliche Kollegen hingegen können ihre Ressourcen durchaus jenseits körperlicher Strategien haben. Diese Ressourcen können behindert werden, wenn Erwartungshaltungen an sie herangetragen werden, die sie nicht erfüllen können und wollen.

Bei körperlichen Gewaltauseinandersetzungen kann es Unterschiede zwischen Mädchen und Jungen geben. Jungen schlagen eher aus einer gewissen Distanz zu, währenddessen Mädchen sich in einer Schlägerei fest ineinander verstricken und aus kürzester Distanz über längere Zeit hinaus gegenseitige verletzende Attacken ausführen. Eine körperliche Deeskalation wird dadurch erschwert.

Deeskalationsstrategien müssen jedoch nicht nur geschlechtsdifferenziert durchgeführt werden, sondern auch der interkulturelle Aspekt ist zu berücksichtigen. Für deutsche Mitarbeiter/innen sind Deeskalationsstrategien bei gewalttätigen Auseinandersetzungen von Jugendlichen aus Kreisen der Migranten oftmals schwierig, weil sie die Interaktion zwischen den Konfliktparteien und die Akzeptanz und Wirkung ihrer Deeskalationsmaßnahme schwer einschätzen können. In multiethnisch zusammengesetzten Arbeitsteams ist daher oft zu beobachten, dass die Deeskalation den Mitarbeiter/innen aus Kreisen der Migranten überlassen wird. Diese Mitarbeiter/innen befinden sich aber auch in einer Konfliktsituation. Auf der einen Seite übernehmen sie eine »delegierte« Funktion mit entsprechender Erwartungshaltung seitens der deutschen Kollegen/innen. Auf der anderen Seite erwarten die Jugendlichen aber eben auch von diesen Mitarbeiter/innen eine besondere »Parteilichkeit«, die mit den Erwartungshaltungen der deutschen Kollegen/innen nicht übereinstimmen muss. Mitarbeiter/innen aus Kreisen der Migranten geraten in eine Beziehungsfalle. Unabhängig davon, wie sie sich in Konfliktsituationen verhalten werden, besteht die Gefahr, dass sie in eine »Verräterposition« gedrängt und stigmatisiert werden.

2.3 Deeskalation im zeitlichen Phasenverlauf

Deeskalationsmaßnahmen können in verschiedenen Phasen eintreten. Nicht in jeder Phase sind pädagogische Handlungsmöglichkeiten – entweder institutions- oder situationsbedingt – gegeben.

Phase 1: Präventive Deeskalation

Prävention bedeutet hier das frühzeitige Unterbinden eines Eskalationsablaufes. Gibt es vor der Gewalteskalation präventive Beeinflussungsmöglichkeiten? Einige Beispiele:

- Frühzeitiges Intervenieren durch eine Kontaktaufnahme mit dem Aggressor verhindert oft eine Gewalteskalation, denn gewalttätige Handlungsabläufe sind nicht spontan entstanden, sondern haben sich z.B. durch vorhergehendes aggressives Auftreten der Konfliktparteien angekündigt.
- Andere Mitarbeiter oder Jugendliche weisen auf eine Konfliktgeschichte hin, die zur Gewalt eskalieren kann. Pädagogische Klärungshilfe kann dann destruktive Eskalationen abwenden.
- Jeder Hinweis über kurz bevorstehende gewalttätige Übergriffe oder Auseinandersetzungen wird ernst genommen und Schutzmaßnahmen (bis zur eventuellen Inanspruchnahme polizeilicher Aktivitäten) werden initiiert.

Phase 2: Deeskalation in der konkreten Situation

In dieser Phase finden alle direkten oder indirekten Maßnahmen zum Gewaltabbruch oder zur Gewaltverringerung statt. Jede Form von Konflikt verlangt eine andere Form der Intervention. Gewalttätige Auseinandersetzungen, in denen die Jugendlichen sich körperlichen Schaden zufügen, verlangen ein schnelles Eingreifen. Gleichzeitig müssen die Pädagogen/innen bedenken, dass sie sich selber nicht gefährden. Verbale Auseinandersetzungen hingegen verlangen nur dann eine Intervention, wenn deutlich wird, dass sie derart destruktiv und schädigend dem Gesprächspartner gegenüber verlaufen, sodass die Pädagogen/innen ihre Hilfe anbieten müssen. Wann und wie interveniert wird, ist abhängig von der Konfliktfähigkeit, der Beobachtungsgabe und den persönliche Ressourcen der Pädagogen/innen, die zumeist immer nur Ausschnitte einer Konfliktsituation wahrnehmen können. Die Geschichte des Konfliktes stellt sich nicht in der unmittelbaren Situation dar. Daher kann nicht erkannt werden, welchen Anteil eine Konfliktpartei an der Eskalation trägt. Ein parteiliches Eingreifen oder ein Bewerten von Verhaltensweisen bei der Intervention kann sich negativ und hinderlich auf den Erfolg der Intervention auswirken. Deeskalation in der konkreten Situation sollte folgende Grundsätze berücksichtigen:

- Die höchsten Erfolgschancen haben Deeskalationsaktivitäten, die berücksichtigen, dass keine Konfliktpartei einen weiteren Gesichtsverlust erfährt.
- Eigene Betroffenheit signalisieren und somit die eigene Einstellung zur Gewalt verdeutlichen.
- Frühzeitiges Intervenieren erhöht die Interventionschancen. Bleibt der anfängliche Eskalationsprozess ohne pädagogische Reaktionen, verschärft sich die Eskalationsintensität und die damit verbundenen Verletzungsabsichten. Eine hohe Konfliktintensität – wie u.a. Kontrollverlust der Konfliktparteien, Ziehen von Waffen, gestiegene Gruppendynamik – erschweren mögliche Deeskalationsstrategien und erhöhen das Risiko der eingreifenden Parteien. Das körperliche Berühren durch eine bekannte Person ist bei einem Kontrollverlust einer Konfliktpartei nicht

ohne Risiko, da die Konfliktpartei nicht wahrnehmen kann, wer sie berührt.

- »Von wo und von wem geht die größte Eskalationsgefahr aus?« (z.B. aufhetzende Jugendliche im Umfeld, Jugendliche mit Waffen). Deeskalation darf sich nicht nur auf die direkten Konfliktparteien reduzieren, sondern muss die indirekten Konfliktparteien – und somit die eskalationsverstärkenden oder -verursachenden Faktoren – mit berücksichtigen.

- Ausreichend Abstand zwischen den Konfliktparteien bei einer Trennung schaffen (zumeist getrennte Räumlichkeiten), bis die emotionale Intensivität sich reduziert hat. Ist ein destruktiver Interaktionsprozess weiterhin möglich (Drohgebärden, Beschimpfungen, feindselige Augenkontakte), wird dadurch wieder eine weitere Eskalationsphase angeregt.

- Möglichst niemals jemanden von hinten festhalten, denn die Konfliktparteien müssen die eingreifende Person erkennen können, ansonsten erhöht sich das eigene Verletzungsrisiko. Festhalten von hinten erzeugt Reflexe und führt zu verletzenden Gegenreaktionen.

- Nach dem Gewaltvorfall ist darauf zu achten, dass betroffene Mitarbeiter/innen und Jugendliche versorgt werden. Da Gewaltsituationen u.a. Ängste und Verunsicherungen erzeugen, müssen Betroffene entlastet und beruhigt werden. Dies kann z.B. ein Gespräch, eine Pause, die Befreiung von weiteren dienstlichen Verpflichtungen sein.

Aber nicht alle Gewaltsituationen lassen sich deeskalieren:

- Geplante Gewalthandlungen sind selten zu deeskalieren, weil mögliche Handlungsschritte der pädagogischen Seite bereits vorausgesehen und in die Planung einbezogen werden.
- Der Kontrollverlust der agierenden Personen ist so stark, dass pädagogische Interventionsmöglichkeiten nicht mehr greifen.
- Die Gewaltdynamik ist derartig explosiv, dass nur noch ein geschützter Rückzug möglich ist.
- Zu viele agierende Personen (z.B. eine ausgebrochene Gruppenauseinandersetzung) machen eine Deeskalation unmöglich.

Phase 3: Pädagogische und institutionelle Maßnahmen nach der Deeskalation

Gewaltvorfälle können im positiven Sinne Lernprozesse für alle Beteiligten initiieren, wenn geklärt wird, was zu tun ist, um mögliche Wiederholungen der Gewalteskalationen zu verhindern. Welchen Anteil haben die Institution, die Pädagogen/innen, die Konfliktparteien und die anderen Jugendlichen am Gewaltszenario? Welche Veränderungsprozesse sind notwendig, um neue Eskalationen zu verhindern? Deeskalation ist somit nicht nur eine Ad-hoc-Intervention, sondern verläuft in prozesshaften Lernschritten.

- Mit den gewaltagierenden Personen wird der Gewaltablauf ausgewertet und hinterfragt, welches die konkreten Alternativen zum tatsächlichen Gewalthandeln sein könnten. Auch abgrenzende Maßnahmen durch die Institution (z.b. nach einem körperlichen Angriff auf eine/n pädagogische/n Mitarbeiter/in) können notwendig sein.

- Mit dem pädagogischen Team werden der Gewaltablauf und die darauf folgenden Reaktionen analysiert. Dabei geht es darum, die positiven Ressourcen der Mitarbeiter/innen, die bei der Deeskalation zum Wirken gekommen sind, bewusst zu machen. Weiterhin können Alternativen zum konkreten Deeskalationsvorgehen diskutiert und erprobt werden.

- Das Verhalten der an der Gewaltsituation nicht direkt beteiligten Jugendlichen wird thematisiert. Das Handeln, welches die Gewalteskalation verhindern wollte, wird wertgeschätzt und das Handeln, welches die Gewaltsituation zugelassen oder verstärkt hat, wird demaskiert. Jugendliche in der zuschauenden Rolle können die gewaltagierenden Personen in ihrer Rolle bestärken oder festlegen.

- Der auslösende Konflikt wird bearbeitet. Allerdings sollten hierbei die »deeskalierenden« Mitarbeiter/innen nicht auch die »vermittelnden« Pädagogen/innen sein, da eine Gewaltsituation bei allen Beteiligten Emotionen und Ängste freilegt, sodass für eine Vermittlung die notwendige Distanz fehlen würde.

- Letztendlich bleibt aber auch die Frage zu stellen, welchen Anteil die Institution als solche am Gewaltgeschehen hat?

2.4 Die Gewaltkulturen der Institution

Die Institution benötigt ein System von Maßnahmen, Methoden und Grundsätzen, um auf Gewaltvorfälle reagieren zu können. Reagiert sie nicht angemessen, sondern verleugnet, verschleiert, verniedlicht oder verschiebt das Problem, so wird die Gewalt die Institution in den Griff bekommen. Es entstehen institutionelle Gewaltkulturen. Hierzu einige Beispiele:

- Die »*imageorientierte Problemverschleierungs-Kultur*« manifestiert sich an der Bagatellisierung der Gewaltvorfälle bzw. der Negierung des Problems und an der Konstruktion nicht zutreffender Ursachenzusammenhänge. Ziel ist es hierbei, eigene Verantwortung und eigene Veränderungsbereitschaft nicht zuzulassen. Eine Schule, die z.B. gewalttätige Vorfälle nicht thematisiert und von Problemen spricht, die nur gelegentlich von außen in die Schule hineingetragen werden, ist im Sinne von Deeskalation handlungsunfähig. Das Image der Institution soll nicht beschädigt werden. Diese Haltung führt zur Problemverschärfung.

- Die Maßnahmen der »*Problemverschiebungs-Kultur*« täuschen institutionelles Handeln zur Problemlösung vor. In Wirklichkeit wird das Problem nur verschoben. Eine Jugendhilfeeinrichtung, in der eine Mitarbeiterin Opfer eines tätlichen Angriffes geworden ist und der es allein überlassen wird, wie auf das Verhalten der gewaltagierenden Person zu reagieren wäre, ist ein Beispiel für diese Kultur. Die scheinbar »fürsorgliche« Haltung überfordert die geschädigte Person in jeder Hinsicht. Die Institution »hält sich raus« und macht Gewaltvorfälle zu persönlichen Problemen der Pädagogen/innen in ihren Beziehungen zu den Jugendlichen.

- Die »*Insel-Kultur*« beschreibt den Prozess der Ausgrenzung als Instrument der Konfliktregelung. Zumeist soll damit der ungestörte Betriebsablauf gesichert werden. Junge Menschen mit unliebsamen Verhaltensweisen werden aus der Institution verdrängt. Probleme und Konflikte werden nicht konstruktiv aufgegriffen und bearbeitet, sondern durch Verschwinden bewältigt. Destruktive Verhaltensweisen werden bei den Ausgegrenzten dadurch eher zementiert und verstärkt. Die Gewaltproblematik außerhalb der Institution nimmt zu. Inwieweit sich die Institution ihre Inselkultur erhalten kann, ist zumeist nur eine zeitliche Frage.

- Die »*Akzeptanzkultur*« versteht das Bewusstsein und das Verhalten junger Menschen ausschließlich aus ihrer Opferrolle. Das Verhalten junger Menschen wird mit deren Diskriminierung im gesellschaftlichen und sozialen Leben erklärt. Für ihr eigenes Verhalten sind sie somit nicht mehr verantwortlich, Veränderungsprozesse sind nur über veränderte soziale Bedingungen herstellbar. Eine »*Letzte-Instanz-Kultur*« ist die Verschärfung der Akzeptanzkultur und meint, dass abgrenzendes Verhalten gegenüber den Jugendlichen grundsätzlich nicht infrage kommt. Die eigene Einrichtung wird als allerletzte Möglichkeit für die Jugendlichen dargestellt. Die Institution macht sich aufgrund ihres institutionellen »Helfersyndroms« letztendlich handlungsunfähig.

- Die »*Ignoranzkultur*« lässt die Betroffenen in einer Gewaltsituation allein, vielleicht um sich die eigene Verletzbarkeit nicht bewusst zu machen.

Ein Lehrer sieht eine Schlägerei zwischen zwei Jungen auf dem Schulhof, er geht dazwischen und wird dabei selbst geschlagen. Seine Brille wird zu Boden geschleudert. Kurz danach wird von ihm erwartet, dass er vor seiner Schulklasse den normalen Unterricht ableistet.

Auf die Befindlichkeit des Pädagogen reagiert die Institution in keiner Weise. Gewaltvorfälle legen Emotionen offen. Zumeist wird die Gefährlichkeit der Situation erst nach der Deeskalation bewusst. Die quälenden Fragen: »Was hätte alles passieren können? Habe ich alles richtig gemacht? Was werden die Konsequenzen sein?«, tauchen auf. In solchen Situationen brauchen die betroffenen Mitarbeiter/innen Zuwendung und Unterstützung. Werden sie allein gelassen, führt dies zu einer weiteren Schädigung ihrer Person (institutionelle Schädigung) und zur Demotivierung. In solchen Fällen werden die pädagogischen Mitarbeiter/innen zukünftig bei Gewaltausbrüchen eher wegschauen als eingreifen.

- Die »*Rechtfertigungskultur*« verhindert das offene Sprechen über Gewaltsituationen. Betroffene haben das Gefühl, versagt zu haben, nicht professionell gehandelt zu haben, vielleicht sogar im falschen Beruf zu sein.

Eine Lehrerin ist während des Unterrichtes von einem Schüler mit dem Messer bedroht worden. In der Dienstbesprechung fällt es ihr schwer, über diesen Vorfall zu reden. Sie hat das Gefühl, sich gegenüber dem Kollegium rechtfertigen zu müssen, wie so etwas überhaupt in ihrem Unterricht passieren kann.

- Die »*Sachzwänge-Mangel-Kultur*« verweist auf die institutionelle Handlungsunfähigkeit aufgrund existenzieller Bedingungen.

Eine Mitarbeiterin, die aufgrund eines tätlichen Angriffes durch einen Jugendlichen mit diesem keine Arbeitsbeziehung mehr eingehen kann, wird darauf hingewiesen, dass man das Geld für die Maßnahme brauche. Der Jugendliche sei schließlich die Absicherung ihres Arbeitsplatzes. Schwierige Situationen und schwierige Menschen auszuhalten gehöre schließlich auch zu ihrem Beruf.

Die Mangelkultur beschreibt die unzulänglichen Arbeitsbedingungen mit schwierigen Jugendlichen wie u.a. fehlendes Personal (Einzelkämpfertum statt Teamarbeit), unzureichende pädagogische Konzeptionen, fehlende Ausstattung (wie z.B. fehlendes Telefon), fehlende Trägerkompetenz (somit keine Beratung und Begleitung von außen), fehlende Reflektionsmöglichkeiten. Konfliktarbeit lässt sich nicht vereinzelt und unreflektiert entfalten. Dies führt zur Aufbewahrung von jungen Menschen und erhöht das Eskalationsrisiko.

2.5 Die Bedeutung des Gesichtsverlustes in gewalteskalierenden Konfliktsituationen

Der Verlust der eigenen Kontrolle ist in der Arbeit mit gewaltbereiten Jugendlichen immer möglich und erfordert auch von der pädagogischen Seite Lernprozesse. Ein eigener Kontrollverlust ist möglich und wahrscheinlich:

- je belastender die gesamte Arbeitssituation ohne geeignete Kompensationsmöglichkeiten ist,
- je mehr sich im Arbeitsablauf Aggressionen ansammeln, ohne kanalisiert werden zu können,
- je intensiver die akute Konfliktsituation empfunden wird,
- je mehr die eigenen Grenzen verletzt werden.

Wenn sich bei Pädagogen/innen Hilflosigkeit, Fassungslosigkeit, Wut und Handlungsunfähigkeit einstellen, werden »Reflexe« (ungesteuerte Reaktionen) im Umgang mit der Situation wahrscheinlich. Diese »Reflexe« verstärken bei den Pädagogen/innen zumeist die Schuldgefühle (»Das hätte ich nicht tun dürfen.«), die Unsicherheit (»Ich bin solchen Situationen nicht gewachsen und fühle mich völlig überfordert.«) und die Wut (»Dass ich mich so weit habe treiben lassen, mich so zu verhalten, wie ich eigentlich nicht bin.«). Ein Beispiel:

Eine pädagogische Mitarbeiterin wird von einem männlichen Jugendlichen derart provoziert, dass sie ihn schließlich »packt« und mit enormer körperlicher Kraftanstrengung versucht, ihn aus der Einrichtung herauszuschieben. Der Jugendliche, der bisher annimmt, dass alles nur Spaß ist, agiert jetzt mit einem körperlichen Angriff auf die Mitarbeiterin. Diesen Angriff sieht ein Kollege, greift den Jugendlichen und »schleudert« ihn aus der Einrichtung. Der Jugendliche vor der Einrichtung schreit jetzt zum Mitarbeiter: »Komm raus, ich schlag dir den Schädel ein!« Dieser ist völlig erregt, will sich nichts mehr gefallen lassen und hinausgehen, wohlwissend was dann passieren würde. Eine andere Mitarbeiterin hält den Kollegen fest und beruhigt ihn, worauf sich dieser auch einlässt.

Um einen Kontrollverlust zu vermeiden, sind mehrere Schritte denkbar:

● Pädagogen/innen verfügen über eigene kurzfristige Erleichterungsstrategien in Stresssituationen, wie z.b. Abreaktion (Schreien hilft zum Aggressionsabbau), Bewegung oder Ruhe.
● Pädagogen/innen spüren ihren eigenen drohenden Kontrollverlust und ziehen sich rechtzeitig aus der Situation heraus.
● Pädagogen/innen sind trotz beginnendem Kontrollverlust noch offen für beruhigende Strategien von Kollegen/innen.

Zu den nicht verletzenden Deeskalationsmaßnahmen gehört das Prinzip der Vermeidung eines Gesichtsverlustes bei den Konfliktparteien. Einige Beispiele zur Illustration.

Zwei Jugendliche raufen sich in der Jugendeinrichtung. Bei dieser Rauferei wird eine Grenze überschritten, sodass die Auseinandersetzung ernst wird. Umstehende Jugendliche ahnen, was passieren wird und schauen interessiert zu. Ein Mitarbeiter versucht dazwischenzugehen, aber er hat keine Chance, die beiden Jugendlichen allein zu trennen. Plötzlich dreht sich der Mitarbeiter um und erteilt allen umstehenden Jugendlichen ein Hausverbot. Als die überraschten Zuschauer die Einrichtung verlassen, wollen die beiden Jugendlichen ihre Schlägerei nicht mehr fortsetzen.

Der Zuschauerkreis beteiligte sich indirekt an der gewalttätigen Auseinandersetzung. Zum einen zeigten die Zuschauer ihr Interesse am Gewaltgeschehen, was oftmals solche Gewaltszenarien erst ermöglicht. Zum anderen verstärkt der Zuschauereffekt die Eskalation zwischen den beiden Konfliktparteien, weil keiner als öffentlicher »Verlierer« aus dem Geschehen gehen will. Erst als der Zuschauerkreis aufgelöst wurde, bestand für die beiden Jugendlichen die Chance, die Schlägerei zu beenden.

Ein älterer Jugendlicher mit erheblichem »Frust« betritt eine Jugendeinrichtung und versucht, einen deutlich jüngeren Jugendlichen zu provozieren, indem er ihn und seine Familie beschimpft und beleidigt. Der ältere Jugendliche versucht dadurch, den jünge-

ren Jugendlichen zu einer Schlägerei herauszufordern, bei der klar ist, dass der Jüngere nicht die geringste Chance hat. Die Beleidigungen haben diesen bereits verletzt. Die umstehenden Jugendlichen verstärken bei ihm den Druck, sich Derartiges nicht gefallen lassen zu dürfen. Er hat jetzt die Einstellung:»Lieber gehe ich äußerlich kaputt als innerlich«*und bewegt sich langsam in Richtung des Provokateurs. Der pädagogische Mitarbeiter ignoriert den älteren Jugendlichen, geht zum Jüngeren und stellt deutlich dar:*»Eine Schlägerei dulde ich hier nicht!«*Der jüngere Jugendliche geht unter Protest zu seinem Ausgangspunkt zurück.*

Das Eingreifen des Pädagogen hat dem jüngeren Jugendlichen die Möglichkeit gegeben, aus der Konfliktsituation herauszugehen, ohne dabei sein Gesicht zu verlieren. Hätte der pädagogische Mitarbeiter sich gegen den gewaltprovozierenden Jugendlichen gestellt, wäre der Jüngere in der Verliererrolle festgelegt worden, er wäre somit noch mehr verletzt worden. Die räumliche Trennung zwischen den Konfliktparteien und dem Publikum wäre eine alternative, schützende Interventionsmöglichkeit.

Ein Jugendlicher ignoriert das Hausverbot, welches er in einer Jugendeinrichtung hat. Ein Mitarbeiter geht sofort auf den Jugendlichen zu und fordert ihn lautstark auf, die Einrichtung sofort zu verlassen. Der Jugendliche weicht nicht zurück, sondern macht mit seiner Körperhaltung deutlich, dass er nicht gehen wird. Die Besucher der Einrichtung schauen interessiert zu, wer sich jetzt wohl durchsetzen wird.

Das Vorgehen des Mitarbeiters führt zu einer öffentlichen, machtorientierten Auseinandersetzung, in der beide Konfliktparteien in ihrer Rolle verharren müssen. Der Mitarbeiter kann jetzt durch sein entschlossenes Auftreten ebenso wenig nachgeben wie auch der Jugendliche selbst. In dieser Situation befinden sich beide in einer Sackgasse, in der es am Ende mindestens einen Verlierer geben wird.

Eine alternative Vorgehensweise wäre die nichtöffentliche Auseinandersetzung und die »Brückenstrategie«, das heißt, Konfliktparteien die Möglichkeit zu geben, aus der eskalierenden Konfliktsituation selbst herausgehen zu können. In unserem Beispiel:

Der Mitarbeiter geht zu dem Jugendlichen, begrüßt ihn und sagt: »Du willst bestimmt nur kurz deinen Freund begrüßen. Du denkst aber daran, gleich wieder zu gehen.«

Diese Brücke ermöglicht es dem Jugendlichen, die Einrichtung zu verlassen, ohne als Verlierer dazustehen. Der Mitarbeiter verliert nicht seine pädagogische Autorität. Erfahrungsgemäß verlassen die Jugendlichen, die in dieser Art angesprochen werden, innerhalb kurzer Zeit die Einrichtung.

In manchen Konfliktsituationen versuchen die Jugendlichen sich selbst eine Brücke zu bauen. Pädagogische Reaktionen sollten dies wertschätzen. Der Rückzug einer Konfliktperson aus einer Konfliktsituation kann z.b. eine weitere Eskalationen verhindern. Die konstruktive Klärung eines Konfliktes ist nicht immer sofort möglich. Die Eskalationsverhinderung schafft aber einen konstruktiven Rahmen für eine später folgende gewaltfreie Klärung. Werden selbst gebaute Brücken der Jugendlichen von der pädagogischen Seite ignoriert, kommt es zu Eskalationen.

In den Waschräumen eines Jugendheimes kommt es zwischen mehreren Mädchen zu einer heftigen verbalen Auseinandersetzung. Ein Erzieher will den Grund des Konfliktes erfahren. Eine der Konfliktparteien verlässt lautstark den Raum und zieht sich türeschlagend in ihr Zimmer zurück. Der Erzieher geht hinterher, weil er jetzt und sofort wissen will, was los ist, und weil er sich den Rückzug nicht gefallen lassen will. Das Mädchen schreit den Erzieher an, fordert ihn auf, das Zimmer zu verlassen, und zieht sich in ihrem Zimmer in eine Ecke zurück, signalisiert den Wunsch nach Abstand. Der Erzieher ignoriert die Aufforderung, woraufhin das Mädchen den Erzieher tätlich angreift.

Die Vermeidung eines Gesichtsverlustes ist auch zentrales Bedürfnis für betroffene pädagogische Mitarbeiter/innen in Konfliktsituationen. Kollegiale Unterstützung darf dieses Bedürfnis nicht ignorieren.

Ein Mitarbeiter hat eine laute Auseinandersetzung mit einem anderen Jugendlichen. Ein anderer Mitarbeiter will helfen und interveniert verbal: »*Ihr seid doch beide erwachsene Menschen, nun vertragt euch schon wieder.*« *Der Jugendliche* grinst und der Mitarbeiter verlässt den Ort des Geschehens.

Der eingreifende Mitarbeiter hat ungefragt interveniert, dabei den Konflikt bagatellisiert und seinen Kollegen mit nicht-erwachsenem Verhalten etikettiert. Der Mitarbeiter und der Jugendliche werden so auf eine Stufe gestellt.

Eine Mitarbeiterin wird von einem männlichen, dominant wirkenden Jugendlichen beleidigt und bedrängt. Ein männlicher Mitarbeiter geht sofort dazwischen und sagt zu dem Jugendlichen: »*Verschwinde und lasse meine Kollegin in Ruhe*«. *Die Mitarbeiterin wird ganz leise.*

Die Mitarbeiterin hatte keine Chance in ihrem Konflikt zu agieren. Ihre eigene Konfliktfähigkeit konnte sie aufgrund des ungefragten Eingreifens des Kollegen nicht entwickeln und entfalten. Durch das dominante und raumergreifende Verhalten des männlichen Mitarbeiters wird das männliche Dominanzdenken des Jugendlichen eher gestärkt als hinterfragt. Die Kollegin wurde auf das Zuschauen männlicher Konfliktregelung reduziert und hat ihre Autorität in Konfliktsituationen verloren.

Die kollegiale Unterstützung in Konfliktsituationen sollte das Ergebnis eines gemeinsamen Verständigungsprozesses sein:

- Nicht ungefragt in einen Konflikt gehen, den andere Mitarbeiter/innen mit den Jugendlichen haben. Die pädagogische Autorität wird möglicherweise untergraben.
- Die Einmischung in den Konflikt vollzieht sich schon dann, wenn sich andere Mitarbeiter/innen zu sehr dem Konfliktge-

schen nähern. Deren Körpersprache und Körperhaltung beeinflussen die Interaktion zwischen den Konfliktparteien und somit deren Handlungsfähigkeit.

- Aus der Distanz das Konfliktgeschehen aufmerksam beobachten und für eine eventuelle Hilfeleistung abrufbar sein, dass heißt auf möglichen Augenkontakt achten.
- Bei einem körperlichen Angriff auf einen Mitarbeiter oder eine Mitarbeiterin, sofort handeln.
- In Teamsitzungen gegenseitige Erwartungshaltungen für den Umgang mit Konfliktsituationen klären.
- Aufgabenverteilungen während einer Konfliktsituation absprechen: Wer kann was machen? Über eigene Möglichkeiten und eigene Grenzen reden.

2.6 Anleitung zum Deeskalationstraining in Kleingruppen

Diese Anleitung zum Deeskalationstraining soll es Kleingruppen oder Teams ermöglichen, sich gemeinsam mit der Problematik des Deeskalierens von gewalttätigen oder zur Gewalt tendierenden Situationen auseinander zu setzen. Durch die Reflexion des eigenen Verhaltens in Gewaltsituationen können Sie als Team/Gruppe oder Pädagoge/in günstige und durchführbare Strategien herausfinden und deren Umsetzung trainieren. Bezugnehmend auf die Darstellungen des theoretischen Teils werden Übungen und Techniken aufgezeigt, mit denen Sie Ihr eigenes Interventionsverhalten beurteilen und gegebenenfalls modifizieren können.

Beachten Sie vor Beginn der Übungen die grundsätzlichen Trainingsanweisungen zur deren Durchführung und Auswertung.

2.6.1 Beurteilung des eigenen Interventionsverhaltens

Übung Nr. 1:   *Das Interventionsprofil*
Zeit: 60 Min. und länger, je nach Gruppengröße
Material: Kopie der folgenden Fragestellung für jede/n Teilnehmer/in, Wandzeitungspapier, dicke Stifte

Diskutieren Sie folgende Fragestellungen in der Gruppe:

- Welche Gewaltsituationen entstehen in meiner pädagogischen Praxis?
- Wie gehe ich/wie geht das Team (wenn vorhanden) damit um?
- Gibt es Situationen bei denen ich aggressiv reagiere?
- Wie gehe ich mit diesen Situationen um?
- Welche Situationen machen mich unsicher in meinem Verhalten?
- Gibt es Situationen die Angst auslösend wirken und mich dadurch in meinem Verhalten beeinflussen?
- Wie kann ich dies aufarbeiten und wo bekomme ich Rückhalt?
- Reagieren die Konfliktparteien auf mein Eingreifen als Frau/Mann anders als auf männliche/weibliche Kollegen/innen?
- Wie geht das Team (wenn vorhanden) mit diesen unterschiedlichen Reaktionen um?

Erstellen Sie für jede Teilnehmerin und jeden Teilnehmer ein persönliches Profil anhand der folgenden Abbildung. Visualisieren Sie die Ergebnisse auf Wandzeitungspapier. Diskutieren Sie in der Gruppe die positiven Elemente und halten die Problembereiche fest.

Übung Nr. 2:   *Welches Interventionsverhalten entspricht meiner Person?*
Zeit: 30 Min., je nach Gruppengröße
Material: Wandzeitungspapier, dicke Stifte

Nehmen Sie sich einige Minuten Zeit, um das für Sie typische Verhalten in Konfliktsituationen zu reflektieren.

- Greifen Sie oftmals, ohne eventuelle Folgen für Sie selber zu bedenken, in Konfliktsituationen ein?
- Trennen Sie die Konfliktparteien bei einer Gewaltauseinandersetzung durch eigenes körperliches Eingreifen?
- Meiden Sie die direkte Konfrontation mit dem Gewaltgeschehen?

Mein Interventionsverhalten

Situationen, in denen ich mich sicher fühle:

Situationen, die Angst auslösend wirken:

Meine Formen des Umgangs mit diesen Situationen:

Situationen, in denen ich selbst aggressiv werde und Gefahr laufe, die Kontrolle zu verlieren:

Meine Formen des Umgangs mit diesen Situationen:

Formen der Aufarbeitung von Deeskalationssituationen:

Wie ich mir selber helfe, damit es mir besser geht:

- Nehmen Sie gefährliche Situationen sehr frühzeitig wahr?
- Werden Sie von den Jugendlichen als eingreifende Partei akzeptiert?
- Fühlen Sie sich in Gewaltsituationen ohnmächtig?
- Erleben Sie sich selber dann als handlungsunfähig?
- Deeskalieren Sie Gewaltsituationen durch verbale Kommunikation?
- Sind Sie auch in gewalttätigen Konfliktsituationen klar und deutlich in der Sprache?
- Fallen Ihnen gerade in schwierigen Situationen oftmals die besten Ideen ein, mit welchem Spruch oder welcher Handlung Sie die Situation auflösen könnten?

Schätzen Sie Ihr eigenes Verhalten ein und ordnen Sie sich den unter Abschnitt 2.2 detailliert beschriebenen Interventionstypen zu. Bedenken Sie dabei, dass kein Mensch nur eine Strategie im Umgang mit Konflikten besitzt und auch Sie unterschiedlich agieren. Wählen Sie die Typen aus, die Ihnen am ehesten entsprechen, bzw. identifizieren Sie, in welchen Situationen Sie welchem Typus entsprechen:

- der offensive Typus,
- der vorsichtige Typus,
- der handlungsunfähige Typus,
- der kommunikative Typus,
- der ideenreiche Typus.

Wenn Sie als Team dieses Training durchführen, fragen Sie nach der Einschätzung Ihrer Kollegen/innen bezüglich Ihres Interventionsverhaltens. Diskutieren Sie Unterschiede in der Fremd- und Eigenwahrnehmung. Besprechen Sie gemeinsam mögliche Änderungen Ihres Verhaltens in solchen Situationen, mit denen Sie unzufrieden sind.

Halten Sie im Folgenden auf Wandzeitungspapier die Vor- und Nachteile fest, die sich aus den verschiedenen Interventionstypen innerhalb Ihrer konkreten Praxis ergeben können. Kategorisieren Sie Ihre Ergebnisse wie folgt:

Welche Interventionschancen hat mein Typus/welche Gefahren sind mit meinem Typus verbunden:

- in verbalen Auseinandersetzungen,
- in gewalttätigen Auseinandersetzungen,
- in Konflikten, in denen ich selber Konfliktpartei bin,
- in Konflikten, an denen ich nur als Intervenierende/r beteiligt bin?

Wenn Sie als Team dieses Training durchführen, diskutieren Sie, wie Sie ihre Interventionen aufeinander abstimmen können bzw. wie Sie sich gegenseitig unterstützen können, um die Deeskalation zu erleichtern.

2.6.2 Analyse der Interventionsmöglichkeiten von typischen Situationen im pädagogischen Alltag

Im Folgenden werden Ihnen einige typische Situationen aus dem pädagogischen Alltag geschildert. Alle Fälle sind Schilderungen von realen Konflikten, in denen lediglich die Namen geändert wurden. Beurteilen Sie die Situation anhand der beeinflussenden Faktoren des im Folgenden dargestellten Schaubildes (Konfliktintensität, Konfliktart, Umfeldsituation, Interventionsform, Interventionsunterstützung, Interventionstypus).

Übung Nr. 3:   *Analyse der Deeskalationsmöglichkeiten von typischen Konfliktsituationen*
Zeit: Je nach Fall unterschiedlich
Material: Kopie des Schaubildes, Kopie der Fallschilderungen

Entwerfen Sie die für Sie sinnvolle Deeskalationsstrategie. Führen Sie diese Übung wenn möglich in zwei Gruppen durch und vergleichen Sie die Ergebnisse.

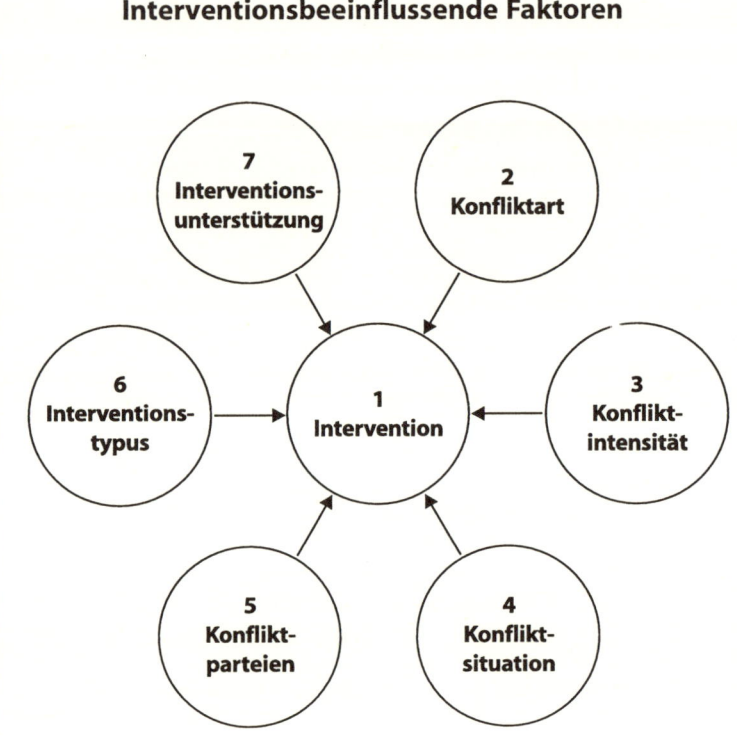

Interventionsbeeinflussende Faktoren

1) *Intervention*: offensiv, indirekt oder paradox
2) *Konfliktart*: dyalisch, Gruppenkonflikt, spontane oder geplante Gewalt, direkter oder indirekter Konflikt
3) *Konfliktintensität*: Waffeneinsatz, Kontrollverlust der Konfliktparteien, Konfliktdauer, Gewalt gegen Mitarbeiter/innen
4) *Konfliktsituation*: institutionelle und personelle Rahmenbedingungen, Zuschauerreaktionen
5) *Konfliktparteien*: Interventionsberechtigung, eigene Erfahrungswerte
6) *Interventionstypus*: Kampftypus, Fluchttypus, kommunikativer Typus, kreativer Typus, Schrecktypus, Tagesform
7) *Interventionsunterstützung*: Mitarbeiter/innenunterstützung. Unterstützung durch Jugendliche

Situation 1: Auseinandersetzung zwischen Jugendlichen

Zwei Pädagogen/innen arbeiten in einem Jugendklub. Es ist Samstagabend, im Jugendklub findet eine Diskoveranstaltung statt. Im Haus sind ca. 45 Jugendliche, mehr oder weniger alkoholisiert, die Stimmung ist gereizt, die Musik dröhnt. Eine/r von den beiden Pädagogen/innen bemerkt, dass es zwischen zwei Jugendlichen zu einer körperlichen Auseinandersetzung kommt. Es droht kein Einsatz von Waffen, da die Jugendlichen vor Beginn der Veranstaltung am Eingang ihre Waffen abgegeben haben.

Situation 2: Auseinandersetzung Kollege/in – Jugendlicher

Sie befinden sich in einer Jugendeinrichtung, ebenfalls anwesend ist ein/e Kollege/in von Ihnen. Ein Ihnen bekannter Jugendlicher kommt herein. Er scheint sehr aggressiv und schlecht gelaunt zu sein. Nach einer Weile bemerken Sie, dass er wütend ein Bierglas gegen die Wand wirft. Sie gehen zu ihm und weisen ihn darauf hin, dass dieses Verhalten hier nicht erwünscht ist, er die Scherben beseitigen und das Glas ersetzen soll. Der Jugendliche wird noch aggressiver und droht, Sie zu schlagen.

Besondere Fragestellung:
– Was erwarten Sie von den umstehenden Personen?

Situation 3: Auseinandersetzung mit Waffeneinsatz

Zwei Jugendliche, die miteinander gut befreundet sind, besuchen eine Jugendeinrichtung, um gemeinsam Kicker zu spielen. Die Einrichtung und die Mitarbeiter/innen kennen sie schon seit Jahren. Die beiden Jugendlichen sind aus der Sicht der Mitarbeiter/innen gern gesehene Besucher, von denen bisher noch nie Schwierigkeiten ausgegangen sind. Völlig überraschend kommt es heute zwischen den beiden befreundeten Jugendlichen zu einem heftigen Streit, über das letzte Tor beim Kickerspielen. Zwei Mitarbeiter reagieren sofort, schreien die beiden Jugendlichen an und fassen sie körper-

lich an, um sie zu trennen. Ein Mitarbeiter erschreckt und lässt den Jugendlichen wieder los. (*Da dieser aufgrund einer Bürgerkriegsverletzung eine Armprothese trägt, greift der Mitarbeiter in die Prothese und ist so irritiert, dass er den Jugendlichen nicht weiter festhält.*) *In diesem Moment zieht der Jugendliche ein Messer und schreit mit verzerrtem Gesichtsausdruck und starrem Blick zu seinem Freund:* »*Ich stech dich ab!*« *Daraufhin wird auch sein Freund von dem Mitarbeiter losgelassen, damit dieser nicht wehrlos dem Messer gegenübersteht. Er geht rückwärts zur Theke, schlägt dort den Hals einer Glasflasche ab und hält diese seinem Freund entgegen. Der Abstand zwischen den beiden Konfliktparteien beträgt etwa zehn Meter. Eine Honorarkraft steht zufälligerweise erschrocken und bewegungslos zwischen den beiden Konfliktparteien. Die umstehenden Jugendlichen, die bei sonstigen Auseinandersetzungen einschreiten und helfen, sind diesmal zurückhaltend.*

Besondere Fragestellungen:
- Welche Deeskalationsschritte sind noch denkbar?
- Welche Interventionen sind gefährlich?
- Welcher Konflikttypus wäre gefragt?

Situation 4: Auseinandersetzung zwischen Gruppen

Die Kollegen/innen eines Streetworkerteams arbeiten zeitgleich mit zwei Jugendgruppierungen. Während eines Aufenthaltes im öffentlichen Freibad, bei dem die Pädagogen/innen nicht anwesend sind, kommt es zu einer Streiterei zwischen Teilen der Gruppierungen. Infolge der Auseinandersetzung trägt ein Mitglied der Gruppe X Verletzungen im Gesicht davon. Die Gruppe ist wutentbrannt und vor allem empört über die ungleiche Machtverteilung während der Auseinandersetzung. Neun Mitglieder der Gruppe Z waren auf drei Mitglieder ihrer Gruppe losgegangen. Sie reden offen mit den Pädagogen/innen und erzählen ihnen, dass Sie mit der feindlichen Gruppe am nächsten Samstag um 21.00 Uhr an einem Ort, den sie nicht nennen wollen, einen Kampf verabredet haben. Alle Jugendlichen sind sich einig, dass dieser Kampf mit Waffen ausgetragen werden soll.

Besondere Fragestellungen:
- Welche Deeskalationsmaßnahmen sind im Vorfeld der Auseinandersetzung denkbar?
- Welche Interventionen sind gefährlich?

Situation 5: Auseinandersetzung zwischen Mädchen und Jungen

Eine Gruppe von Mädchen, alle gut miteinander befreundet, besuchen seit ca. einem halben Jahr eine Jugendeinrichtung. Die Mitarbeiter/innen haben noch wenig Zugang zu den Mädchen, kennen nur einige von ihnen intensiver. Eines der Mädchen, Karina, ist bekannt dafür, das Sie oftmals durchdreht und einen Kontrollverlust erleidet. Seit zwei Wochen besucht immer häufiger ein Junge, Mahmut, die Einrichtung, der besonders zu den Mädchen Kontakt sucht. Es ist nicht-deutscher Herkunft und kann sich sprachlich mit den zumeist deutschen Mädchen kaum verständigen. Immer wieder kommt es zu Situationen, in denen Mahmut den Mädchen zu nahe kommt und sie durch seine Aufdringlichkeit zu provozieren versucht. Er berührt die Mädchen nicht, weicht ihnen aber nicht von der Seite. Die Mädchen beschimpfen ihn und es kommt immer wieder zu lautstarken Auseinandersetzungen. An einem dieser Tage sucht sich Mahmut die schüchternste der Mädchen, Lisa, aus, um sein Spiel fortzusetzen. Lisa versucht sich gegen Mahmut zu wehren, dieser aber weicht ihr nicht von der Seite. Als Mahmut auf die Toilette geht, rennt Karina wutentbrannt in die Küche, schnappt sich ein großes Messer und folgt Mahmut. Alle Jugendlichen, die die Szene beobachtet haben, folgen Karina und stürmen auf die Toilette zu.

Situation 6: Jugendlicher unter Drogeneinfluss

In einer Jugendeinrichtung herrscht seit einigen Monaten das Problem, dass viele der Jugendlichen vermehrt Drogen konsumieren. Die Mitarbeiter/innen wissen nicht, welche Drogen im Umlauf sind, vermuten aber nicht nur Haschisch, sondern ebenso Aufputschmittel und Kokain. An einem der Öffnungstage kommen drei männlich Jugendliche herein, die keine/r der Mitarbeiter/innen zuvor gesehen hat. Einige der anwesenden Jugendlichen scheinen die drei zu kennen. Mehrere Male verschwinden kleinere Gruppen auf die Toiletten. Nach ca. einer Stunde beginnt einer der unbekannten Jugendlichen Stühle umzuwerfen, gegen die Wände zu treten und andere Jugendliche zu provozieren. Keiner der anwesenden Jugendlichen greift ein. Sie versuchen die Provokationen zu ignorieren.

Besondere Fragestellungen:
– Welche besonderen Erfordernisse stellen Jugendliche unter Drogeneinfluss an die deeskalierenden Personen?

Situation 7: Gewaltkulturen in den Institutionen

In einer öffentlichen Jugendeinrichtung wird die Konzeption geändert. Der bisherige Schwerpunkt der Kulturarbeit wird durch den weiteren Arbeitsschwerpunkt der offenen Jugendarbeit verändert. Diese Konzeptionsänderung war eine Entscheidung der politisch Verantwortlichen, die die Konzeptionsänderung damit begründeten, dass (1) der bisherige Arbeitsansatz die Mitarbeiter nicht auslasten würde und (2) im Umfeld der Einrichtung ein hoher Bedarf bei den jungen Menschen nach einem offenen Treffpunkt feststellbar ist. Weil die bisherige Leiterin und ein Mitarbeiter gekündigt haben, werden ein neuer Leiter und ein neuer Mitarbeiter eingesetzt, die diese neue Konzeption umsetzen sollen. Da die Jugendlichen aus dem Umfeld als schwierig und auffällig eingeschätzt werden, soll die neue Leitung ein männlicher Sozialarbeiter übernehmen. Eine Mitarbeiterin aus der Einrichtung, die sich ebenfalls für diese Stelle beworben hat, wird mit der Begründung »für diese Arbeit nicht qualifiziert« absolviert. Weiterhin gibt es große Schwierigkeiten, die neuen Aufgabenbereiche der Einrichtung aufgrund von Sparmaßnahmen der öffentlichen Hand finanziell und personell abzudecken. Die praktische Arbeit in dieser Einrichtung zeigt dabei folgendes Erscheinungsbild:

- Die Teamarbeit ist von ständigem gegenseitigen Misstrauen und großen Kommunikationsschwierigkeiten geprägt. Immer wieder kommt es zu Missverständnissen. Die positiven Arbeitsleistungen der Mitarbeiter und Mitarbeiterinnen finden innerhalb des Teams keine positive Resonanz.

- Auf den Teamsitzungen kommt es nach kurzer Zeit zu nicht erklärbaren, wechselnden Koalitionen, sodass nach einiger Zeit für alle Fehler und Versäumnisse der Leiter verantwortlich gemacht wird. Er selber versucht immer wieder, eine Teamarbeit zu ermöglichen, steht dabei aber auch stets unter Erfolgsdruck, weil das zuständige Amt sehr hohe Erwartungen an ihn richtet. Letztendlich ist ein Teil des Kollegiums der Meinung, dass eine offene Jugendarbeit in der Einrichtung nicht möglich ist, weil ein großer Teil der Jugendlichen derartig gewalttätig sei, dass die Arbeitsplatzsituation gefährliche Ausmaße annimmt. Der Leiter wird auf seine Fürsorgepflicht gegenüber dem Kollegium hingewiesen.

- Die Mitarbeiter und Mitarbeiterinnen arbeiten vereinzelt in der Einrichtung. Einige zeigen sich gegenüber den besonders schwierigen Jugendlichen sehr engagiert, offenbaren aber nach einiger Zeit eine unerwartete feindliche Distanz gegenüber diesen Jugendlichen.

- Die Jugendlichen werden im Laufe der Zeit immer unzufriedener mit den Angeboten und der Atmosphäre in der Einrichtung. Die Aggressionen und die Gewaltvorfälle in der Einrichtung nehmen zu.

- Die Konflikte eskalieren, wie sich am folgenden Beispiel zeigt:

Ein Jugendlicher kippt aus Spaß einen Tisch um. Zwei dabeistehende Mitarbeiterinnen sprechen mit ihm und er hebt den Tisch wieder auf. Alle setzen sich an den Tisch und reden miteinander. Die Situation scheint geklärt. Ein Mitarbeiter, der diese Situation aus der Distanz beobachtete, geht plötzlich auf den Jugendlichen zu, schreit ihn an und fordert ihn auf, die Einrichtung zu verlassen, weil er den Tisch umgestoßen hat. Die beiden Mitarbeiterinnen reagieren nicht. Der Jugendliche wendet sich den beiden Mitarbeiterinnen wieder zu und setzt sein Gespräch mit ihnen fort.

Der Mitarbeiter geht nach 20 Minuten wieder auf den Jugendlichen zu und droht ihm diesmal, die Polizei zu holen, weil er die Einrichtung nicht verlassen hat. Jetzt schimpft der Jugendliche, woraufhin der Mitarbeiter zum Büro geht, um die Polizei zu holen. Die beiden Mitarbeiterinnen schweigen auch diesmal. Der Jugendliche hält sich ein Messer gegen den eigenen Hals und ruft dem schon davongeeilten Mitarbeiter zu: »*Schau her, damit du auch einen Grund hast, die Polizei zu rufen.*« *Danach setzt er sich wieder zu den beiden Mitarbeiterinnen und spricht weiter mit ihnen. Als die Polizei kommt, sind die beiden Mitarbeiterinnen sehr überrascht. Der Mitarbeiter stellt eine Anzeige wegen tätlicher Bedrohung.*

Besondere Fragestellungen:
— Welche Konflikte treten auf welcher Ebene auf und in welchem Zusammenhang stehen sie?
— Welche Konfliktverarbeitungsprozesse sind erkennbar?
— Wie lässt sich die Beziehung zwischen den Sozialarbeitern/innen und Jugendlichen charakterisieren?
— Wie ist das Verhalten der Jugendlichen zu den Mitarbeitern/innen zu erklären?
— Welchen Anteil haben die Jugendlichen an der Konfliktgeschichte?
— Wie hätte die Eskalation des Konfliktes vermieden werden können?
— Was muss sich ändern?

2.6.3 Leitfaden zur Analyse der Interventionsmöglichkeiten in Gewaltkonflikten

Deeskalation ist eine Kompetenz, die nicht abschließend erworben werden kann und im Laufe der eigenen pädagogischen Tätigkeit einfach nur umgesetzt wird. Sie ist im Gegenteil immer wieder Änderungen ausgesetzt und muss reflektiert werden.

Diesbezüglich kann es sinnvoll sein, als Team oder Lerngruppe regelmäßig Gewaltsituationen zu analysieren und auf eventuelle Deeskalationsstrategien zu prüfen. Vor allem bei Situationen, in denen Sie sich unsicher gefühlt haben, oder die Ihnen Angst gemacht haben, kann eine Aufarbeitung in der Gruppe hilfreich sein. Bedenken Sie dabei jedoch, dass es immer wieder Situationen gibt, die nicht zu deeskalieren sind. Professionalität zeichnet sich in Bezug auf die Deeskalation auch durch das Erkennen der eigenen Grenzen aus und nicht durch den Glauben, immer handlungsfähig zu sein.

Übung Nr. 4:   *Leitfaden zur Analyse von Interventionsmöglichkeiten*
Zeit: Ca. 45 Min. pro Fallschilderung
Material: Kopie der Fragestellungen

Führen Sie die Übung in Gruppen mit max. fünf Teilnehmern/innen durch. Bei größeren Teams bilden Sie Kleingruppen. Jede/r Teilnehmer/in schildert eine für ihn/sie wichtige oder belastende Gewaltsituation aus der täglichen Arbeit. Mithilfe der Gruppe werden nun die folgenden Fragestellungen beantwortet.

- Wie habe ich den Konflikt und den situativen Kontext wahrgenommen? Welchen Ausschnitt des Konfliktes habe ich wahrgenommen?
- Was fühlte ich im Moment der Wahrnehmung des Konfliktes?
- War ich direkt in den Konflikt eingebunden oder musste ich zwischen Konfliktparteien schlichten?
- Was wollte ich in der Konfliktsituation erreichen?
- Wie bin ich praktisch mit dem Konflikt umgegangen?
- Wie haben die Konfliktparteien auf mein praktisches Eingreifen reagiert?
- Wie hat das Umfeld (z.B. Mitarbeiter/innen, umstehende Jugendliche) auf mein praktisches Eingreifen reagiert?
- Wie habe ich mich nach dem Konflikt gefühlt? War ich mit meinem Verhalten und dem Ausgang des Konfliktes zufrieden? Welche Fragen blieben für mich offen?
- Wem konnte ich als erster Person die Situation und meine Befindlichkeit mitteilen? Was hat mich nach dem Gewaltvorfall emotional entlastet?
- Konnte ich die Konfliktsituation im Nachhinein (z.B. mit dem Team) reflektieren?
- Welche Konsequenzen sind aus dem Gewaltvorfall gezogen worden? Bin ich mit der Aufarbeitung zufrieden?
- Wo sind die Stärken der deeskalierenden Person auszumachen?
- Gab es schon vergleichbare Gewaltvorfälle in der Einrichtung? Wie ist mit diesen umgegangen worden? Sind hierbei Wiederholungsmuster festzustellen? Worauf sind diese zurückzuführen?

Diskutieren Sie im Folgenden, ob Alternativen zu dem geschilderten Verhalten möglich oder sinnvoll wären. Dies ist nicht nur dann sinnvoll, wenn Sie als Deeskalierende/r mit Ihrem Verhalten unzufrieden waren. Auch ein erfolgreicher Umgang mit einer Gewaltsituation kann Alternativen beinhalten, die Sie als Einzelperson eventuell nicht in Betracht gezogen haben. Eine Reflexion in der Gruppe kann das Blickfeld und eventuelle Verhaltensmuster erweitern.

- Gab es im Vorfeld Beeinflussungsmöglichkeiten zur Vermeidung der Konflikteskalation (präventive Deeskalation)?
- Gibt es andere Möglichkeiten, mit der konkreten Situation umzugehen (alternative Deeskalation)?
- Gibt es Alternativen zur konkreten Aufarbeitung des Konfliktvorfalles?

2.6.4 Durchführung und Auswertung von Deeskalationsübungen

Die folgenden Übungen sollen Ihnen Gelegenheit geben, Techniken und Strategien der Deeskalation innerhalb Ihrer Lerngruppe oder Ihres Teams zu trainieren. Sie können sich dadurch in einem angstfreien Raum mit verschiedenen Verhaltensweisen vertraut machen. Die Auswahl der Übungen ist eingegrenzt, da Rollenspiele und praktische Übungen zur Deeskalation oft einer persönlichen Trainingsanleitung bedürfen.

Übung Nr. 5:   *Blickkontakt aufrechterhalten*
Dauer: 15 Min., je nach Gruppengröße
Material: Klappmesser oder Butterflymesser

Ziel dieser Übung ist es, das reflexhafte Verhaltensmuster in Bedrohungssituationen mit Waffeneinsatz zu überprüfen und dabei den Augenkontakt zu der angreifenden Person aufrechtzuerhalten. Wenn Sie abschätzen möchten, was mit der Waffe passiert, blicken Sie dem Menschen in die Augen. Die Waffe macht sich nicht selbstständig. Mit dem Augenkontakt stellen Sie zudem eine Verbindung her, die der Neutralisierung entgegenwirkt.

- Stellen Sie sich zu zweit gegenüber auf. Eine/r von beiden bedroht den/die andere/n mit einem Messer, indem er/sie in Nähe des Gesichtes und um den Kopf herum mit dem offenen Messer »herumfuchtelt«.
- Der/die Angegriffene hat die Aufgabe, dem/der Angreifer/in während der gesamten Zeit in die Augen zu sehen.

- Starren Sie den/die Angreifer/in nicht an, sondern gucken Sie verbindlich in die Augen. Starren kann provozierend wirken. Sehen Sie nicht zwischen die Augen, sondern in die Augen, damit die Person sich wahrgenommen und nicht ignoriert fühlt.

Führen Sie diese Übung so lange durch, bis die angreifende Person den Augenkontakt abbricht.

Übung Nr. 6: *Die »Leberwurststrategie«*
Dauer: 30 Min., je nach Gruppengröße
Material: Keines

Die folgende Übung soll Ihnen die Möglichkeit geben, eine Form der körperlichen Intervention zu trainieren. Die so genannte »Leberwurststrategie« findet dann Anwendung, wenn Sie eine Gewaltauseinandersetzung allein deeskalieren müssen, keine anderen Kollegen/innen zur Hilfe kommen können.

Sie meint nichts anderes, als sich körperlich zwischen zwei Konfliktparteien zu begeben und diese mit beiden Armen nach außen zu drücken. Das Eingreifen zweier Kollegen/innen wäre in jedem Fall optimaler. Nur so hat jede/r die Möglichkeit sich einer der Konfliktparteien zuzuwenden und diese auch räumlich aus der Situation zu entfernen. Nicht immer jedoch sind zwei Kollegen/innen anwesend. Oftmals sind Pädagogen/innen gezwungen, allein zu reagieren.

Testen Sie mithilfe der Lerngruppe oder des Teams, ob diese Art der körperlichen Intervention Ihrer Person gerecht wird, bevor Sie tatsächliche Gewaltsituationen deeskalieren.

- Bilden Sie Gruppen von mindestens vier Personen. Eine Person hat als Spielleitung die Aufgabe abzuschätzen, wann das Spiel von außen abgebrochen werden sollte.
- Zwei Personen stellen sich gegenüber auf. Sie simulieren eine Gewaltauseinandersetzung und stehen kurz davor, sich gegenseitig zu schlagen.

- Versuchen Sie diese Situation möglichst realitätsnah zu gestalten, werden Sie laut und sparen Sie nicht mit gängigen Schimpfwörtern, die Ihnen in Ihrem pädagogischen Alltag begegnen.
- Eine dritte Person hat die Aufgaben, die beiden voneinander zu trennen, indem sie zwischen die beiden tritt und wie beschrieben beide Konfliktparteien mit den Armen nach außen drückt.
- Brechen Sie die Übung nach maximal 60 Sek. ab.

Werten Sie die Übung nach folgenden Kriterien aus:

- Gelingt es Ihnen, die Konfliktparteien zu trennen, oder schaffen diese es, Sie nach außen zu drängen?
- Wo haben Sie die Konfliktparteien angefasst?
- Wie geht es Ihnen als Pädagoge/in zwischen den beiden Konfliktparteien?
- In welchen Fällen, wenn überhaupt, trauen Sie sich diese Form der Deeskalation zu? Wo liegen Ihre individuellen Grenzen?
- Was empfinden die Konfliktparteien bei dieser körperlichen Intervention?

Übung Nr. 7: *Die Notbremse*
Dauer: 30 Min.
Material: Keines

Besondere Schwierigkeit: Die Übung erfordert eine vertrauensvolle Gruppenatmosphäre, da es vielen Menschen sehr schwer fällt, sich »verrückt« darzustellen.

In der pädagogischen Arbeit können sich Situationen ereignen, die den Spielraum für mögliche Reaktionen fast gänzlich einschränken. Solche Situationen sind es, in denen ein Überraschungseffekt die Aufmerksamkeit der Konfliktparteien von der Gewaltsituation ablenkt und zugleich die Aufmerksamkeit des Umfeldes auf die Situation richtet. Jedoch können alle kreativen

Interventionen auch dazu führen, dass Konfliktparteien sich nicht ernst genommen fühlen und die Aggression auf die intervenierende Person richten. Trotzdem soll mit dieser Übung eine Methode dargestellt werden, die quasi als letzte Trumpfkarte im Blatt der Pädagogen/innen dienen kann, wenn diese eine Situation nicht anders auflösen können.

- Bilden Sie Gruppen von max. fünf Teilnehmer/innen.
- Jede/r hat die Aufgaben sich für ca. 30 Sek. so verrückt und hysterisch wie möglich darzustellen.
- Die Art und Weise Ihrer Darstellung, ob Schreien, Zucken oder Hüpfen, spielt nur eine nebensächliche Rolle. Versuchen Sie lediglich mit Ihrer Darstellung die Aufmerksamkeit der anderen auf sich zu ziehen.
- Beenden Sie die Übung nach ca. dreimaligem Wiederholen.

Nachdem Sie diese Übung absolviert haben können Sie sicher nachempfinden, dass es kaum eine Konfliktpartei gibt, die nicht den Kopf dreht, wenn Sie dasselbe, was Sie in der Trainingsgruppe dargeboten haben, bei laufendem Betrieb in einer Einrichtung anwenden.

Diese Methode kann hilfreich sein, wenn Sie nicht körperlich intervenieren können und das Umfeld aktivieren wollen. Nichts ist in unserer Gesellschaft auffälliger als eine Person, die sich entgegen der gültigen Normalität bewegt und den Eindruck erweckt, verrückt zu sein. Haben Sie dann die Aufmerksamkeit des Umfeldes, können Sie mit direkten Aufforderungen zur Hilfeleistung arbeiten.

Diese Form der Deeskalation kann nur selten angewendet werden. Wird sie einmal durchgeführt, verliert sie für alle anderen Anwesenden den Überraschungseffekt. Sie dient somit als letztes Mittel in ausweglosen Situationen.

3. Mediation – Konflikte klären ohne Gewalt

3.1 Was ist Mediation?

Der Begriff Mediation als solcher benennt eine Methode, die älter ist als die meisten Methoden, die in der pädagogischen Arbeit zur Konfliktregelung angewendet werden. Die Vermittlung von Konflikten durch unparteiische Dritte – denn dies meint die grobe Übersetzung des Begriffes – ist in anderer Form im Alltag vieler Sozialarbeiter/innen immer wieder aufs Neue eine der Hauptaufgaben. Mediation im Besonderen bietet aber ganz spezielle Chancen gerade auch im Bereich der Arbeit mit gewaltbereiten Jugendlichen. Auf diese Chancen können wir leichter eingehen, wenn im Vorfeld definiert wird, was die Methode Mediation von anderen Formen der Konfliktregelung unterscheidet.

Mediation ist eine gewaltfreie Methode der Konfliktregelung, in der alle am Konflikt beteiligten Parteien freiwillig, gleichberechtigt und mithilfe eines neutralen Dritten, der keine Entscheidungskompetenz bezüglich der Lösungsfindung besitzt, eigenständig eine Lösung für ihren Konflikt erarbeiten. Ziel von Mediation ist die Gestaltung des Miteinanders in der Zukunft, nicht die Bewältigung der Vergangenheit.

Der Schwerpunkt der jeweiligen Mediation ist immer vom jeweiligen Anwendungsbereich abhängig. Für den zwischenmenschlichen Bereich der Trennungs- und Scheidungsmediation, des Täter-Opfer-Ausgleiches und auch der Mediation in Schule und Jugendarbeit kann davon ausgegangen werden, dass Prozess- und Ergebnisorientierung gleichwertig behandelt werden. Die Hauptsache ist hier die Erkundung von Hintergrundinteressen und Gefühlen, die zum einen zum gegenseitigen Verstehen der Konfliktparteien beitragen und zum anderen für die Konfliktklärung unmittelbar erforderlich sind.

Die übergeordnete Zielstellung der Mediation ist in allen Anwendungsbereichen die gleiche: eine Form der Konfliktregelung anzubieten, die die Interessen aller Beteiligten berücksichtigt und eine gemeinsame Lösungsfindung ermöglicht. Im Folgenden die grundsätzlichen Charakteristika, die nach unserer Einschätzung Mediation ausmachen:

Gewaltfreiheit

Mediation geht davon aus, eine gemeinschaftliche Lösung zu finden, die alle berechtigten Interessen der Beteiligten vereint. Diese Gemeinschaftlichkeit beinhaltet die Akzeptanz der Interessen des Gegners. Eine solche Einstellung widerspricht der bewussten Schädigung und dem Überschreiten der Grenzen der anderen Konfliktpartei, widerspricht also der Anwendung von Gewalt, denn dies würde die gemeinsame Basis der Verhandlung zerstören.

Dieses Definitionsmerkmal wirkt wie ein Ausschlusskriterium für den Großteil der Jugendlichen, wenn man die Zielgruppe von Mediation in der Jugendarbeit betrachtet. Die Erfahrung aus vielen Jahren Konfliktarbeit mit gewaltbereiten Jugendlichen zeigt jedoch, dass diese durchaus in der Lage sind, sich auf einen Prozess der Konfliktklärung einzulassen, der von ihnen den Verzicht auf Gewalt für einen überschaubaren Zeitraum erwartet. Sie können zwar keine dauerhafte Zusage zur Gewaltfreiheit machen, die Phase des Konfliktregelungsgespräches stellt nach unserer Erfahrung jedoch kein Problem dar.

Anwesenheit einer neutralen dritten Partei

Die vermittelnde Person soll den Konfliktparteien bei der Konfliktklärung und Lösungsfindung helfen. Dazu ist es notwendig, dass ein Vertrauen zwischen ihr und den Beteiligten besteht. Dieses Vertrauen kann schnell verloren gehen, wenn der Eindruck entsteht, sie würde eine der beiden Parteien unterstützen.

Neutralität und Allparteilichkeit als Verhaltensmerkmale in der Beziehung zu den Konfliktparteien, eine unbeeinflusste Meinung sowie das Fehlen einer Vorliebe für eine Person, schaffen die Basis für das notwendige Vertrauen. Neutralität bedeutet nicht, dass Mediatoren/innen keine eigene Meinung über den Konflikt und dessen Lösung haben dürfen. Sie müssen jedoch zwischen ihren Einschätzungen und denen der Konfliktparteien eine deutliche Trennung vollziehen können. Entscheidend sind die eigenen Wünsche und Lösungsideen der Teilnehmer/innen.

Können Pädagogen/innen diese neutrale Rolle in Konflikten, die »ihre« Jugendlichen betreffen, überhaupt einnehmen? Und können die Jugendlichen diesen Rollenwechsel vom vertrauten Partner zum neutralen Vermittler begreifen? Eine bewusste Auseinandersetzung mit den Rollenerwartungen beider Seiten im Vorfeld von Mediation ist erforderlich. Die Pädagogen/innen müssen sich über eventuell aufkommende Probleme dieses Rollenwechsels im Klaren sein, um adäquat reagieren zu können.

Selbst bestimmte Konfliktlösung

Die eigenständige Entwicklung von Lösungen durch die Konfliktparteien ist Bestandteil der Mediation. Ihnen wird nicht von einem Außenstehenden empfohlen oder gar vorgegeben, wie sie den Konflikt lösen können. Mediatoren/innen fällen kein Urteil und präsentieren kein Ergebnis. Die Entscheidungsbefugnis bezüglich der Konfliktlösung geben die Konfliktparteien also nicht an Dritte ab. Dies setzt voraus, dass die Teilnehmer/innen ihre Bedürfnisse hinsichtlich der Lösung äußern und somit vom jeweiligen Gegner erfahren, was dieser als Ergebnis akzeptieren könnte. So können durch die eingreifende Hilfe der Mediatoren/innen gemeinschaftliche Lösungen entwickelt werden, die die Interessen aller beinhalten. Wenn dies der Fall ist, fällt es den Parteien leichter, ihre Lösungen als bindend zu begreifen.

Mediation ist freiwillig

Eigenständige Konfliktregelung setzt Bereitwilligkeit bei den Konfliktparteien voraus. Anders als beim Urteil einer Gerichtsverhandlung, kann innerhalb der Mediation niemand gezwungen werden, eine vorgegebene Lösung umzusetzen. Werden die Konfliktparteien unfreiwillig zur Teilnahme gezwungen, sind sie kaum in der Lage oder aber nicht gewillt, Lösungen zu entwickeln. Sie haben weder das Interesse am Ergebnis der Mediation noch die Bereitschaft, sich auch auf die Interessen des Gegners einzulassen, ihm zuzuhören. Ohne diese Bereitschaft kann jedoch keine gemeinschaftliche Lösung erarbeitet werden. Ist nur eine Partei dazu bereit, sich auf die Mediation einzulassen, kann die Lösungsfindung an dem Unwillen der zweiten Partei scheitern.

Zahlreiche Beispiele von Mediation gerade im Bereich von Schule und Jugendarbeit zeigen jedoch, dass Mediation auch erfolgreich sein kann, wenn zunächst keine Bereitschaft der Konfliktparteien besteht. Hier ist es Aufgabe der Mediatoren/innen Motivationsarbeit zu leisten. Eine freiwillige Mediation ist sicher unproblematischer und pädagogisch wünschenswerter, »... *dennoch kann unter bestimmen Umständen ein gewisser Druck, sich zu einigen, das kleinere Übel sein: wenn sonst keine Lösung oder eine Lösung mit unannehmbaren Mitteln die Alternative wäre*« (Besemer 1993, S. 63).

Einbeziehen aller Konfliktparteien bei der Lösungsfindung

Um einen Konflikt konstruktiv und befriedigend aufzuarbeiten, sollten sich alle am Konflikt Beteiligten auch an der Lösung beteiligen. Diese hat weniger, oftmals gar keinen Bestand, wenn eine Konfliktpartei ausgeschlossen wird. Sie wird die Lösung, die die anderen erarbeitet haben, nicht akzeptieren, eventuell sogar sabotieren. Es ist notwendig, die Bedürfnisse aller Konfliktbeteiligten bei der Lösung zu berücksichtigen, um zu verhindern, dass der Konflikt erneut ausbricht.

Wiederherstellen der Kooperation ist das vorrangige Ziel

Es ist nur zum Teil Aufgabe einer Mediation, Geschehnisse aus der Vergangenheit aufzuarbeiten. Dies geschieht nur, so weit es für die Lösungsfindung notwendig ist. *»Im Gegensatz zu gerichtlichen Verfahren ist bei der ›Vermittlung‹ nicht eine vergangenheitsorientierte Sachverhaltsanalyse erheblich, sondern die zukunftsbezogene (Wieder)Herstellung der durch den Streit unterbrochenen Kooperation und Kommunikation im gemeinsamen Interesse der Parteien.«*[1] Das Ziel ist es, das Miteinander in der Zukunft zu gestalten und nicht Probleme aus dem Miteinander in der Vergangenheit zu bewältigen. In keinem Fall angebracht ist ein Offenlegen von tief greifenden persönlichen Erlebnissen, die als Erklärung für das aktuelle Verhalten der Jugendlichen dienen, denn es kann nicht sichergestellt werden, dass die gegnerische Partei dieses Wissen nicht bei erneuten Konflikten nutzt, um erneute Verletzungen zu provozieren.

3.2 Mediation als Chance in der Arbeit mit gewaltbereiten Jugendlichen

Bei der Betrachtung der grundlegenden Charakteristika der Mediation fällt vor allem der Punkt der Freiwilligkeit sofort auf. Er macht deutlich, in welchem Dilemma Pädagogen/innen stecken, die Mediation in der Jugendarbeit anwenden möchten. Die Methode als solche beinhaltet zahlreiche Chancen und Lernmöglichkeiten für Jugendliche und kann wesentlich zum Verlernen von Gewalt beitragen. Aber sie formuliert zugleich Zugangsvoraussetzungen, die zunächst unerfüllbar für diese Zielgruppe zu sein scheinen. Spätestens an solchen Punkten wird deutlich, dass es in der pädagogischen Praxis nicht darum gehen kann, Methoden um ihrer selbst willen anzuwenden. Es geht vielmehr darum, die Methoden praxisnah einzusetzen, wobei Herkunft und Ausbildung der Mediatoren/innen eine wesentliche Rolle spielen. Man kann die Zielgruppe nicht der Methode anpassen, aber die Methode lässt sich modulieren.

1   Roland Proksch in: Krabbe Heiner (Hrsg.) 1991, S. 177.

Dennoch sollte Mediation auch Mediation bleiben und immer erkennbar sein, wo Grenzen überschritten werden, die als wesentliche Eckpfeiler von Mediation zu verstehen sind. Die anfängliche Scheu der Jugendlichen, sich auf ein Vermittlungsgespräch einzulassen, ergibt sich oftmals aus der Unwissenheit über den Ablauf des Gespräches und der Unsicherheit im Umgang mit neuen Situationen. Die Jugendlichen sind mit dieser Alternative zur Gewalt nicht vertraut und weigern sich, sich auf eine neue Situation einzulassen. Der dann eventuell ausgeübte Druck – die Alternative eines Mediationsgespräches oder die drohende Sanktion auf das Gewaltverhalten – wirkt sich nicht zwingend negativ auf den Ablauf des Gespräches aus.

Die Einführung von Mediation im Rahmen von Jugendarbeit erfordert intensive Motivationsarbeit. Die Jugendlichen haben über Jahre die Erfahrung gemachte, dass sich Konflikte mit Gewalt lösen lassen. Es ist undenkbar, dass sie sich auf den bloßen Vorschlag der Pädagogen/innen hin mit Freude auf eine neue Konfliktregelungsstrategie einlassen. Der Vorteil wird ihnen erst deutlich, wenn sie die Erfahrung gemacht haben, dass auch mit Mediation die eigenen Interessen umgesetzt werden können.

Der entscheidende Aspekt, der Mediation von anderen Formen der Konfliktregelung unterscheidet, ist die Eigenständigkeit der Lösungsfindung durch die Konfliktparteien. Auch solche Jugendlichen, die in ihrer bisherigen Entwicklung Gewalt für den Normalfall – oftmals auch für die einzige Alternative – gehalten haben oder aber nach Konflikten die Sanktionen der Pädagogen/innen befolgten, werden in die Lage versetzt, eigenständige, gewaltfreie Lösungen für ihre Konflikte durch die Mediation zu erarbeiten.

Die Mediatoren/innen können und sollen nicht dauerhaft Hilfe bei der Konfliktregelung leisten, sondern vielmehr den Raum für die Jugendlichen schaffen, Alternativen zur Gewalt zu erlernen. Unter dieser Prämisse kann Mediation als Mittel zum Zweck angesehen werden, die Betroffenen zu qualifizieren, ihre Konflikte zukünftig eigenständig, gewaltfrei und konstruktiv zu lösen.

Mediation dient nicht nur als Methode der Konfliktregelung in aktuellen Konflikten, sondern zudem als weiter reichende Methode, mit zukünftigen Konflikten umgehen zu lernen. Der Schwerpunkt in der Arbeit mit gewalttätigen Jugendlichen kann unterschiedlich gesetzt werden. Zu Beginn der pädagogischen Arbeit ist die Regelung von aktuellen Konflikten dringend notwendig, da die Jugendlichen anderenfalls Gewalt anwenden. Im weiteren Verlauf der Jugendarbeit wird der Schwerpunkt sich auf die zweite Ebene verlagern, da sie mehr und mehr lernen, ihre Konflikte gewaltfrei zu lösen.

Die zunächst vorzufindende Einschränkung des Verhaltensrepertoires der Jugendlichen auf Gewaltverhalten liegt auch darin begründet, dass die gewaltfreie Konfliktregelung andere Fähigkeiten voraussetzt als die gewalttätige Auseinandersetzung. Körperliche Stärke, Durchsetzungsvermögen, Konkurrenzverhalten und der Wille, anderen Schaden zuzufügen, sind Verhaltensweisen, die die Mediation nicht erfordert. Es muss in diesem Zusammenhang daher ein pädagogisches Ziel sein, Jugendliche mit neuen Eigenschaften zu qualifizieren, die ihnen die gewaltfreie Konfliktregelung erleichtern. Das ist allerdings nicht nur im Rahmen des Mediationsprozesses erforderlich, sondern Bedingung für das gesamte Konzept der pädagogischen Arbeit mit gewaltbereiten Jugendlichen. Viele Aktivitäten, wie z.B. sportliche und kreative Angebote sowie der pädagogische Alltag generell, sind ein möglicher Lernraum für die im Folgenden dargestellten notwendigen Qualifikationen oder Eigenschaften.

- *Einfühlungsvermögen*

Kooperative Konfliktregelung setzt voraus, dass die Konfliktparteien sich gegenseitig verstehen, mehr noch, sie sollen Verständnis für die jeweiligen Interessen aufbringen. Um dies zu erreichen, ist Einfühlungsvermögen auf beiden Seiten notwendig. Einfühlungsvermögen allein begünstigt jedoch noch kein gewaltfreies Konfliktregelungsverhalten. »*Einfühlungsvermögen kann äußerst effektiv und gezielt Aggression ermöglichen, da man die Gefühle und Handlungen des Gegenübers besonders genau vorhersagen und damit den Bereich auswählen kann, in dem man es besonders stark trifft.*« (Petermann/ Petermann 1992, S. 19) Erst dann, wenn mit dem Einfühlungsvermögen ein Mitfühlen mit dem Gegenüber verbunden ist, kann Gewalt verhindert werden.

● *Kooperation und Hilfeleistung*

Gemeinschaftliche Konfliktregelung bedeutet Kooperation unter den Betroffenen. Die bewusste Schädigung eines anderen schließt die gleichzeitige Kooperation mit ihm aus. Ziel von pädagogischer Arbeit mit jungen Menschen ist also die Förderung kooperativen Verhaltens. Auch die gegenseitige Hilfeleistung ist Teil von kooperativer Konfliktregelung. »*Bei kooperativem Verhalten gilt es, den Hilfeappell des Gegenübers zu erkennen und mit dem Partner eine gemeinsame Lösung anzustreben.*« (Ebd., S. 18)

● *Angemessene Selbstbehauptung/Durchsetzungsvermögen*

Selbstbehauptung und Durchsetzungsvermögen sind Eigenschaften, die zur Gewaltanwendung durchaus notwendig sind. Sie können aus diesem Grund aber nicht als negative Eigenschaften bezeichnet werden. Jugendliche sollten lernen, ihre Interessen angemessen durchsetzen zu können, sich selber gegenüber anderen zu behaupten, um Eigenständigkeit zu entwickeln. Ziel von Mediation kann es sein, Jugendlichen zu verdeutlichen, dass zur Durchsetzung und Behauptung von Interessen und Zielen keinesfalls Gewalt notwendig ist. Durchsetzung kann bedeuten, aus einem breiten Repertoire an Verhaltensmöglichkeiten diejenige zu wählen, die dem eigenen Standpunkt am meisten nützt und gleichzeitig das Gegenüber am wenigsten schädigt bzw. einschränkt.

● *Selbstkontrolle*

Konfliktregelung durch Mediation beinhaltet den Willen zu gewaltfreiem Verhalten. Dies setzt eine Kontrolle der eigenen Gewaltpotenziale voraus. Jugendliche können durch Erfahrungen in der Mediation lernen, sich in Konfliktsituationen bewusst zu entscheiden, keine Gewalt anzuwenden. Darunter ist keine bestimmte Technik zu verstehen,»... *sondern ein Zielverhalten, mit den eigenen gewalttätigen Impulsen in Konfliktsituationen besser umgehen zu lernen*« (ebd.). Dies setzt eine genaue Wahrnehmung des Geschehens voraus, um das ursprüngliche Verhalten unterbrechen zu können. Das Alter der Jugendlichen und der Bewusstheitsgrad bezüglich des eigenen Gewaltverhaltens spielen gerade in diesem Punkt eine große Rolle. Viele Jugendliche können in bestimmten Situationen nicht bewusst reagieren. Wie in einem»Black-out« fangen sie an, um sich zu schlagen. Auch Pädagogen/innen befinden sich in solchen Situationen in unmittelbarer Gefahr. Wenn diese Form des Gewaltverhaltens bereits erreicht ist, kann Mediation als Alternative nichts bewirken. Die gegnerischen Konfliktparteien dieser Jugendlichen sind austauschbar. Die Vermittlung der aktuellen Konflikte geht am tatsächlichen Problem – dem Verlust der Selbstkontrolle – vorbei. Die Inanspruchnahme von therapeutischer Hilfe oder zielgerichtetem Training sind hier erforderlich.

● *Verbesserte Selbst- und Fremdwahrnehmung*

Gewalttätiges Verhalten in Konfliktsituationen kann mit einer verzerrten Selbst- und Fremdwahrnehmung zusammenhängen. Eine übermäßig sensible Wahrnehmung von Bedrohungssituationen kann zu übersteigertem, gewalttätigem Verhalten führen. Eine Reihe von entwicklungspsychologischen Studien weist zudem nach, dass im Jugendalter eine hohe Selbstbezogenheit vorzufinden ist, die zur Herausbildung einer eigenständigen Identität auch durchaus notwendig ist. Daraus resultiert, dass Jugendliche oftmals nur schwer in der Lage sind, zwischen der eigenen Person mit ihren Interessen und Bedürfnissen und denen der anderen zu differenzieren (ebd., S. 27). Um Jugendliche zu befähigen, Konflikte gewaltfrei zu regeln, ist es also notwendig, ihre Wahrnehmungsfähigkeiten zu schulen. Sie zu qualifizieren, eigene Gefühle und Bedürfnisse zu verbalisieren und die anderer zu erkennen.

- *Selbstsicherheit und stabiles Selbstbild*

Delinquente und gewalttätige Jugendliche verfügen oftmals über ein negatives Selbstbild (ebd., S. 29). Gewalttätiges Verhalten dient als Möglichkeit der Darstellung und zum Erlangen von Aufmerksamkeit durch die Umwelt. Gibt man den Jugendlichen die Möglichkeit, sich über eigenes Können, das außerhalb ihres Gewaltverhaltens liegt, zu definieren, so ist Gewalt zum Erlangen von Aufmerksamkeit nicht mehr notwendig. Wenn Jugendliche sich ihrer eigenen Stärken bewusst werden und Selbstvertrauen erlangen, sind sie auch in der Lage, andere zu respektieren. Diese Eigenschaft wiederum macht konstruktive und gewaltfreie Konfliktregelung möglich. Erfahren sie für dieses Verhalten von den Pädagogen/innen positive Verstärkung, kann ein erneuter Rückfall in gewohnte Gewaltverhaltensmuster vermindert werden.

Nicht immer ist Jugendarbeit nur mit Jugendlichen konfrontiert, die Gewalt als einziges Mittel der Konfliktregelung kennen. Mediation kann ebenso als Teil eines gewaltpräventiven Ansatzes gewertet werden. Die Prämisse wäre dann nicht die Verhaltensmodifizierung, resultierend aus einem unakzeptablen Verhalten, sondern das Erlernen von konstruktiven Verhaltensweisen der Konfliktregelung im Vorfeld von Gewaltverhalten. In der Anwendung von Mediation als gewaltpräventiver Maßnahme liegt die Chance, soziale Kompetenzen der Jugendlichen zu erweitern. Die Erfahrungen, auch in Problemsituationen gemeinschaftlich Lösungen zu finden, Verständnis zu erfahren, wenn man selber Verständnis aufbringt, eigene Interessen durchzusetzen, wenn man die der anderen respektiert und akzeptiert, wird nicht nur innerhalb einer Mediation anhalten. Diese Erfahrungen können in den Alltag übertragen und Bestandteil des Sozialverhaltens von Jugendlichen werden.

3.3 Abgrenzung der Mediation zu anderen Formen der Konfliktregelung

Ebenso wie mit dem Begriff Gewalt, verbindet auch mit dem Wort Konflikt jede/r eine andere Vorstellung. In der Diskussion über die Möglichkeit der Anwendung von Mediation ist es jedoch notwendig, sich im Vorfeld zu einigen, welche Situationen als Konflikte gewertet werden.

In der Fachliteratur stehen uns zahlreiche Definitionen zur Verfügung, deren Praxisrelevanz hier überprüft werden soll. So definiert D. Berlew 1977: *»Ein Konflikt ist gegeben, wenn man untereinander eine Uneinigkeit hat.«* (Glasl 1994, S. 13)

Diese sehr weite Umschreibung hilft Pädagogen/innen nicht zu bestimmen, wann eine Mediation sinnvoll sein kann. Nicht jede Uneinigkeit produziert heftige Konflikte oder muss pädagogische Reaktionen hervorrufen. L. von Rosenstiel (1980) bringt einen weiteren Begriff in die Definition: *»Ein individueller – so genannter sozialer – Konflikt liegt dann vor, wenn zwischen Konfliktparteien, die jeweils aus zumindest einer Person bestehen, unvereinbare Handlungstendenzen beobachtet werden.«* (Ebd.) Es geht also nicht nur um eine Uneinigkeit in der Meinung, sondern zudem darum, dass zwei Personen Dinge tun wollen, die nicht miteinander vereinbart werden können. Hier wird schon deutlicher, wann pädagogischer Handlungsbedarf besteht. Näher kommt Bruno Rüttinger (1980) dem, was in der pädagogischen Praxis von Relevanz sein kann:

»Soziale Konflikte sind
Spannungssituationen,
in denen zwei oder mehrere Parteien,
die voneinander abhängig sind,
mit Nachdruck versuchen,
scheinbare oder tatsächlich unvereinbare Handlungspläne
zu verwirklichen und
sich dabei ihrer Gegnerschaft bewusst sind.« (Ebd.)

Rüttinger fügt den unvereinbaren Handlungstendenzen den Begriff der Abhängigkeit hinzu. Versteht man Abhängigkeit z.B. auch als

Zwang, miteinander auskommen zu müssen, eine Beziehung zueinander zu haben, dann wird der Unterschied zu L. von Rosenstiel deutlich. Zur Verdeutlichung folgendes Beispiel:

> *Zwei Menschen, die sich verschiedenfarbige Jacken kaufen möchten, haben erst dann einen Konflikt, wenn Sie sich auf eine gemeinsame Jacke einigen müssen. Solange die Personen mit ihren Handlungstendenzen (Kaufen einer Jacke) nicht miteinander in Beziehung stehen oder sich in keiner Abhängigkeit (gemeinsame Jacke) befinden, muss sich kein Konflikt ereignen.*

Friedrich Glasl entwickelte eine Definition, die noch umfassender darstellt, was einen Konflikt ausmacht:

> *»Sozialer Konflikt ist eine Interaktion*
> *– zwischen Aktoren (Individuen, Gruppen, Organisationen usw.),*
> *– wobei wenigstens ein Aktor*
>   *Unvereinbarkeiten im Denken/Vorstellen/Wahrnehmen*
>   *und/oder Fühlen*
>   *und/oder Wollen*
> *– mit einem anderen Aktor (anderen Aktoren) in der Art erlebt,*
> *– dass im Realisieren eine Beeinträchtigung*
> *– durch einen anderen Aktor (die anderen Aktoren) erfolge.«*
> (Ebd., S. 13f.)

Vereinfacht lässt sich für die pädagogische Praxis festhalten, dass ein sozialer Konflikt folgende Kriterien erfüllen sollte:

- Mindestens 2 Personen sind beteiligt.
- Die Personen haben etwas miteinander zu tun.
- Die Personen haben unterschiedliche Meinungen oder Ziele.
- Die Meinungen oder Ziele behindern sich gegenseitig.
- Mindestens 1 Person empfindet eine Beeinträchtigung.

Die gegenseitige Behinderung der Zielstellungen ruft oftmals das destruktive Verhalten hervor, welches die pädagogische Reaktion erfordert. Wie mit dem Konflikt letztendlich umgegangen wird, entscheidet die Konfliktsituation. Mediation ist nicht in allen Fällen notwendig oder angebracht. Menschen verfügen über die unterschiedlichsten Formen, mit Konflikten in ihrem Leben umzugehen. Vier grundlegende Tendenzen lassen sich unterscheiden:

Vermeidung

Die Vermeidung von Konflikten ist eine der am häufigsten angewendeten Vorgehensweisen. Sie erspart die Auseinandersetzung, verhindert aber zugleich die Befriedigung der Interessen beider Parteien. Diese Strategie der Nicht-Entscheidung wird häufig aus Unsicherheit über den Ausgang des Konfliktes gewählt, aus Angst vor einer Niederlage. Mangelndes Interesse am Problem oder Gleichgültigkeit gegenüber der anderen Person oder Gruppe können ebenso zur Vermeidung von Auseinandersetzungen führen. Auch fehlendes Wissen über das Verfahren der Konfliktregelung oder die Annahme, dass eine Übereinkunft ohnehin nicht möglich wäre, können dazu führen, dem Konflikt aus dem Weg zu gehen. Die Vermeidung von Auseinandersetzungen über wenig relevante Kleinigkeiten erscheint angesichts deren Häufigkeit sinnvoll. Gravierende Konflikte, besonders im zwischenmenschlichen Bereich, können bei einer Vermeidung der Auseinandersetzung jedoch mehr zum Schaden der Personen beitragen als eine evtl. heftige Klärungsphase.

Beide verlieren (lose-lose)

Diese Tendenz des Kompromisses, in dem beide Konfliktparteien einen Teil ihrer ursprünglichen Positionen aufgeben und sich quasi in der Mitte begegnen, um eine Einigung zu erzielen, erhielt in der Fachliteratur den unglücklichen Namen »lose-lose«. Aus pädagogischer Sicht ist der Kompromiss nicht als negativ zu bewerten. Kinder und Jugendliche müssen für ihre Beziehungsfähigkeit lernen, eigene Interessen mit denen der anderen zu vereinbaren. Um dies zu erreichen, ist der Kompromiss in Konflikten nicht von vorneherein ein Misserfolg.

Einer gewinnt und einer verliert (win-lose)

Die Strategie der Konfliktlösung durch Kampf oder Anpassung ist für die Zielgruppe von vielen Angeboten der Jugendarbeit wohl die bekannteste. Der Kampf wird zumeist dann gewählt, wenn die Interessen einer Partei so eng definiert sind, dass ein Kompromiss oder ein Eingehen auf die Interessen der anderen Partei nicht möglich ist. Auch Unwissenheit über andere Formen der Konfliktregelung ist die Ursache für diese Strategie. In einer solchen Situation sind beide Konfliktparteien bereit, sich um das Ergebnis zu streiten, sie wähnen sich beide im Recht. Eine Verhandlung vor Gericht ist ebenso typisch für diese Art der Konfliktregelung wie die weniger kognitive aber letztendlich diesem Muster entsprechende Schlägerei. Auch eine ungleiche Machtverteilung kann diese Gewinner-Verlierer-Situation hervorrufen. Der Mächtigere erzwingt seine Lösung und weiß, dass der Unterlegene sich nicht dagegen zur Wehr setzen kann. Ebenso denkbar ist die Alternative der Anpassung. Der Unterlegene sieht keine Chance zu gewinnen oder ihm fehlt das Interesse, für seine Position zu kämpfen, er passt sich dem Lösungsvorschlag des Mächtigeren an.

Beide gewinnen (win-win)

Diese Strategie der kooperativen Konfliktlösung, z.B. durch Mediation, ist die konstruktivste, da Interessen und Bedürfnisse beider Parteien berücksichtigt werden. Sie verlangt von den Konfliktparteien allerdings auch, dass sie sich selber intensiv am Prozess der Konfliktregelung beteiligen. Dieser Ansatz geht davon aus, dass die vorgetragene Position mit den Interessen und Bedürfnissen der Parteien nicht identisch ist. *»Die Position beschreibt das Ziel, zu dem man sich entschieden hat; diese Entscheidung aber wird durch das Interesse bestimmt. Das Problem, das in einem Konflikt zur Lösung ansteht, wird also durch die Interessen definiert und diese müssen nicht unbedingt so entgegengesetzt sein, wie die Positionen der Parteien es auf den ersten Blick nahe legen.«* (Barbian/Zilleßen 1992, S. 18)

Zur Verdeutlichung des Unterschiedes zwischen den verschiedenen Konfliktregelungsstrategien folgende Übung:

Übung Nr. 8:   *Das Truhenspiel[1]*
Zeit: 45 Min.
Material: Keines

Folgende Geschichte hat sich ereignet:

> *Ein Ehepaar will sich nach 15 Jahren Ehe scheiden lassen. Im Besitz des Paares befindet sich eine alte Truhe. Diese stand mehrere Jahre auf dem Dachboden des Hauses, nachdem der Ehemann sie von einer alten Tante erbte. Er legte keinen Wert auf die Truhe und hatte nichts einzuwenden, als seine Frau die Idee hatte, die alte Truhe zu restaurieren. Ein Restaurationskurs an der Volkshochschule machte dies möglich. Mit viel Mühe und Liebe zum Detail richtete sie die Truhe her und seitdem stand diese dekorativ im Wohnzimmer des Hauses. Bei der Scheidung können die beiden sich nicht einigen, wer die Truhe erhalten soll.*

Finden Sie sich in Gruppen von je drei Teilnehmer/innen zusammen. Verteilen Sie die Rolle des Mannes, der Frau und eines/r Richters/in. Die beiden Ehepartner haben die Aufgaben, den/die Richter/in davon zu überzeugen, dass ihnen die Truhe zusteht. Nach spätestens 15 Minuten fällt der/die Richter/in das Urteil, das von beiden Ehepartnern akzeptiert werden muss.

Werten Sie die Übung nach folgenden Fragestellungen im Plenum aus:

- Wer hat die Truhe erhalten?
- Wie geht es den Personen, die die Truhe nicht erhalten haben?
- Mit welchen Argumenten und welchem Kommunikationsverhalten wurde der/die Richter/in überzeugt?
- Fiel es dem/der Richter/in schwer, die Entscheidung zu treffen?

---

1   Uns ist bekannt, dass dieses Spiel in unterschiedlichen Varianten in vielen Seminaren und Fortbildungen angewendet wird. Leider ist es uns nicht gelungen, den Urheber ausfindig zu machen.

Finden sie sich erneut in Gruppen zusammen und vergeben Sie wieder die Rollen des Mannes und der Frau. Als dritte Person kommt diesmal ein/e Mediator/in dazu. Die beiden Ehepartner stellen ihre Sichtweise des Konfliktes dar und die Mediatoren/innen unterstützen das Paar beim Erarbeiten einer einvernehmlichen Lösung. Sie haben nur 15 Minuten Zeit, dann treffen Sie sich in der großen Gruppe wieder und präsentieren das Ergebnis.

Auswertung:
- Wer hat die Truhe erhalten?
- Wie geht es den Personen, die die Truhe nicht erhalten haben?
- Wie wurde die Lösung erarbeitet?
- Welche der beiden Rollen (Richter/in/Mediator/in) empfinden Sie als schwieriger und warum?
- Wo lagen die Unterschiede zwischen den beiden Rollenspielen im Verhalten der Konfliktparteien?

Welche Konflikte sind mit Mediation regelbar?

Nicht alle Konflikte, die sich im pädagogischen Arbeitsalltag ereignen, sind für eine Klärung durch Mediation geeignet. Einzelgespräche, Beratungen, Gruppendiskussionen und auch Sanktionen durch die Pädagogen/innen sind ebenso notwendige Konfliktregelungsstrategien. Aus unserer Erfahrung hat sich gezeigt, dass immer wieder ganz bestimmte Konflikte zum Inhalt einer Mediation werden. Hier zeigen sich deutliche Differenzen der beiden Geschlechter.

Zwischen Mädchen ereignen sich gerade im Alter von 12 bis 16 Jahren immer wieder Konflikte, in denen Gefühle von *Eifersucht* und *Vernachlässigung durch die Freundin* eine große Rolle spielen. Tiefe Verletzungen und die Angst um den Verlust der Freundschaft machen die Mediation zu einem sehr schwierigen Prozess. Die Zweierbeziehung zwischen besten Freundinnen hat bei Mädchen eine viel größere Bedeutung als bei den Jungen. Diese organisieren sich in kleinen Gruppen. Die Bindung wird weniger darüber erreicht, dass sie Sorgen und Erfahrungen miteinander austauschen und sich gegenseitig Rat geben, sondern vielmehr durch das gemeinsame Erleben von Aktionen. Somit sind Konflikte nicht in dem Maße von einem Beziehungsverlust oder einer tiefen Enttäuschung über das Verhalten des anderen geprägt.

In Jugendgruppen sind vielmehr kleine *Machtkämpfe* zu erkennen, die dazu dienen, die eigene Position innerhalb der Gruppe auszutarieren. Durch *Provokationen* wird nicht selten der vermeintlich Schwächere gereizt, bis er schließlich die Kontrolle verliert und zuschlägt. Begriffe wie Ehre und der verletzte Stolz produzieren nicht nur in der Arbeit mit multiethnischen Szenen immer wieder Auseinandersetzungen.

Ein häufiger Auslöser für Konflikte bei beiden Geschlechtern ist die Erfahrung, dass Menschen öfter übereinander reden als miteinander. Dies bildet den Boden für zahlreiche *Missverständnisse* und Fehldarstellungen, die immer wieder in lauten Auseinandersetzungen enden. Deren Bearbeitung innerhalb einer Mediation kommt oft dem Entwirren eines Wollknäuels gleich. Am Ende sind dann beide Konfliktparteien über die Unwichtigkeit des Anlasses erstaunt.

Mediation eignet sich grundsätzlich für alle diese Fälle als Konfliktregelungsmethode. Wann sie tatsächlich angewendet wird, ist von der Intensität des Konfliktes abhängig. Für kleinere Streitereien erscheint der Aufwand zu groß. Jugendliche sollten zudem den Raum haben, sich selber im Umgang mit Konflikten auszuprobieren, ohne dass Pädagogen/innen regulierend eingreifen. Wird die Auseinandersetzung hingegen zu »heftig« oder ist der Grad der Gewaltanwendung zu groß, kann ein Gespräch unter Umständen nicht möglich sein. Es existieren keine allgemein gültigen Kriterien für den Einsatz der Methode Mediation. Letztendlich müssen die Praktiker/innen vor Ort entscheiden, was sie wann für sinnvoll halten. Nur sie kennen die Jugendlichen und nur sie können beurteilen, ob eine Vermittlung im Konflikt eine Chance beinhaltet oder eher zum Misserfolg für die Jugendlichen wird.

Aufgrund der Unterschiede in den Konflikten zwischen Jungen und Mädchen stellt sich die Frage, ob das Geschlecht der Mediator/innen für den Prozess der Mediation nicht eine ebenso beeinflussende Rolle spielt, wie das der Konfliktparteien? Sind männliche Mitarbeiter in der Lage, die Emotionen, die Mädchen in einem gewissen Alter bewegen, nachzuempfinden? Können Frauen verstehen, warum Jungen in einem gewissen Alter immer wieder testen müssen, wer der Bessere ist? Sicher wäre es hilfreich, in Konflikten, die derart von geschlechtsbezogenen Faktoren beeinflusst werden, die Auswahl zwischen Mediator und Mediatorin zu haben. Dies ist leider in der pädagogischen Praxis aufgrund der Personalsituation nicht immer möglich. Hinzu kommt die Grundregel der Mediation, dass letztendlich die Jugendlichen entscheiden, wer sie durch die Vermittlung begleiten soll. Selbst hier ist die Auswahl aufgrund von Dienstplänen und aktuellem Handlungsbedarf nicht immer gegeben.

Eine Auseinandersetzung der Pädagogen/innen einer Einrichtung bezüglich deren Kompetenzen bei bestimmten Konfliktinhalten ist in jedem Fall sinnvoll. Nur wer sich selber im Konfliktfall als kompetent begreift, kann den Jugendlichen als Mediator/in hilfreich sein. Hier gilt es, sich über eigene Grenzen und persönliche Ressourcen zu verständigen. Eine starre Vorgabe bezüglich des Einsatzes als Mediator/in können wir nicht befürworten. Wenn zwei Jugendliche der Pädagogin X zutrauen, ihnen zu helfen, und diese sich zutraut, die Mediation durchführen zu können, sollte ihr Geschlecht dies nicht verhindern.

3.4   Mediation in der interkulturellen Jugendarbeit

Die pädagogische Fachdiskussion setzt sich in den letzten Jahren vermehrt mit dem Begriff der interkulturellen Arbeit auseinander. Auch der Umgang mit Gewalt und Konflikten muss in diese Diskussion einbezogen werden. Institutionen der Jugendhilfe sind mit dem Aufwachsen der zweiten und dritten Generation von Jugendlichen aus Migrantenfamilien in Deutschland auch mit dem Umgang mit Konflikten betraut, die sich aus interkulturellen Zusammenhängen ergeben oder auf den kulturellen Hintergründen beruhen.

Konfliktregelung mit Jugendlichen unterschiedlicher Nationalitäten kann Probleme aufwerfen, die ohne diesen interkulturellen Aspekt nicht auftreten würden. Es ist aber keinesfalls davon auszugehen, dass jeder Konflikt, den z.b. ein Jugendlicher deutscher Herkunft und ein Jugendlicher türkischer Herkunft miteinander haben, zu einem interkulturellen Konflikt werden muss. Unterschiedliches Verhalten erklärt sich nicht a priori aus differenten kulturellen Identitäten. Wir halten es für riskant, vermeintlich grundsätzliche Zusammenhänge aufzuzeigen, die Konfliktanlässe zwangsläufig mit der kulturellen Identität in Verbindung bringen. Die individuelle Sensibilität der Jugendlichen gerät so aus dem Blickfeld der Betrachtung.

Dennoch ist ein grundsätzlicher Unterschied zwischen einer interkulturellen sowie einer nicht-interkulturellen Mediation vorhanden. Der grundsätzliche Wertekanon, von dem im Konzept der Mediation ausgegangen wird, ist infrage gestellt. Es ist somit Aufgabe der Mediation eine Problematisierung dieser nicht allgemeinen Regeln vorzunehmen, anstatt die Debatte über unterschiedliche Werte auszugrenzen, da diese als nicht verhandelbar gelten. Dies spielt vor allem dann eine Rolle, wenn das Verhalten einer Konfliktpartei, das den Konflikt auslöste oder beförderte, ursächlich auf bestimmten Werte begründet ist.

Die interkulturelle Kompetenz der Mediatoren/innen besteht darin, ein Klima zu schaffen, in dem diese Auseinandersetzung erfolgen kann. Dies erstreckt sich weit über das Vermittlungsgespräch hinaus und ist Bestandteil der gesamten pädagogischen Arbeit. Wenn interkulturelle Arbeit bedeutet, sich miteinander über die Unterschiedlichkeiten und Gemeinsamkeiten auseinander zu setzen, sich aneinander zu orientieren, aber auch zu reiben, dann heißt dies, dass kein Reglement für den Umgang mit Konflikten im interkulturellen Kontext existiert. Es muss sich aus der gegenseitigen Absprache über Wertvorstellungen, Verhaltensweisen sowie politische und ideologische Meinungen ergeben. Der kleinste gemeinsame Nenner aus diesen Unterschiedlichkeiten bildet das Wertegerüst der Mediation.

Für uns selber ist es innerhalb dieser Auseinandersetzung mit Jugendlichen immer wichtig die Punkte zu betonen, die aus unserem Wertverständnis als nicht verhandelbar gelten. Die demokratischen und humanistischen Grundorientierungen und Grundrechte stehen bei allen notwendigen Verständigungsprozessen in einer Institution der Jugendhilfe – wie in der multikulturellen Gesellschaft generell – nicht zur Disposition. Sie müssen aber für junge Menschen aus Kreisen der Migranten – ebenso wie für deutsche Jugendliche – erfahrbar gemacht werden.

Zusammenfassend lässt sich sagen, dass die praktische Umsetzung der Mediation im Bereich der interkulturellen Jugendarbeit eine Auseinandersetzung bezüglich dieses interkulturellen Aspektes mit Jugendlichen und Pädagogen/innen erfordert. Die gemeinsame Verständigung über den Umgang mit Konflikten muss eine Verständigung über Unterschiedlichkeiten im Verhalten, Denken und »Bewerten« beinhalten. Nur so kann ein interkulturelles Reglement erschaffen werden, das das Lernen von gewaltfreier Konfliktregelung für alle Jugendlichen einer Einrichtung möglich macht.

3.5 Die Aufgaben von Mediatoren/innen im Vermittlungsgespräch

Die Rolle der Mediatoren/innen beinhaltet sehr konkrete Verhaltenserwartungen und Fähigkeiten, die erbracht werden müssen. Mediatoren/innen in der Jugendarbeit arbeiten jedoch mit einem anderen Klientel als solche in der Beratung von Erwachsenen und sind mit völlig anderen Rahmenbedingungen konfrontiert. Qualifikationen, die im Normalfall nicht erforderlich sind, erhalten eine wesentliche Bedeutung. Im Folgenden wollen wir versuchen, uns dem anzunähern, was die Erfordernisse von Mediation sowie die von Jugendarbeit vereint und einen Katalog von Qualifikationen darstellen, die Mediatoren/innen in der Arbeit mit gewaltbereiten Jugendlichen aufweisen sollten.

3.5.1 Die persönlichen Qualifikationen

Immer wieder begegnen uns in der pädagogischen Praxis Menschen, die nie eine pädagogische Ausbildung absolviert haben und dennoch hervorragende Arbeit leisten. Diese Kollegen/innen machen deutlich, dass sich Professionalität nicht nur durch fachliche, sondern oftmals auch durch *persönliche Qualifikationen* auszeichnet. Als persönliche Qualifikationen bezeichnen wir solche grundsätzlichen Eigenschaften, die den Menschen insgesamt auszeichnen und nicht nur Teil seiner Tätigkeit sind. Sie bilden die Basis, mit der die pädagogische Arbeit umgesetzt wird.

Geduld

Ungeduldige Menschen neigen in Gesprächen dazu, anderen Worte »in den Mund zu legen« und sie damit im Gesprächsfluss unter Druck zu setzen. Mediatoren/innen, die keine Geduld aufbringen und den Konfliktparteien nicht ausreichend Zeit lassen, sich zu verstehen und Lösungsideen zu entwickeln, widersprechen dem Grundsatz der eigenständigen Entwicklung von Konfliktlösungen. Aus Ungeduld werden sie Interessen der Konfliktparteien nicht berücksichtigen und zu schnell auf eine Einigung drängen.

Empathie

Empathie als ein verständnisvolles Einfühlen in die Gedankenwelt und Gefühle einer anderen Person ist Voraussetzung für die Durchführung von Mediation. Die Fähigkeit ist zu erlernen, setzt aber eine Grundeinstellung voraus. Die Grundeinstellung, Probleme und Konfliktlagen aus anderer Sicht wahrnehmen zu wollen und eine Trennung zwischen eigenen und anderen Sichtweisen vollziehen zu können. Empathie meint vor allem das Wahrnehmen von Gefühlen, die sich hinter bestimmten Konflikten verbergen und die die Person eventuell gar nicht verbalisieren kann.

Positive Wertschätzung

Positive Wertschätzung meint eine nicht an Bedingungen gebundene Wertschätzung von Menschen. Die Akzeptanz der Konfliktparteien als Personen, unabhängig davon, was sie gerade äußern oder wie sie sich verhalten, ist unbedingte Voraussetzung für eine Mediation. Ohne diese Akzeptanz fällt es schwer, die Parteien zu unterstützen, eigene für sie tragbare Lösungen zu finden. Positive Wertschätzung meint nicht, alles uneingeschränkt zu akzeptieren oder gar mit dem übereinzustimmen, was die Konfliktparteien sagen oder tun. Mediatoren/innen können durchaus inhaltlich anderer Meinung sein, die Parteien müssen jedoch das Gefühl haben, dass dies die Beziehung nicht beeinträchtigt (Weinberger 1988, 3. Auflage, S. 41).

Dieses Merkmal umfasst ein vorurteilsfreies Herangehen an Menschen. Ist dies nicht möglich, entwickeln Mediatoren/innen im Beisammensein mit einer Person negative Gefühle, so wird sich das in ihrer Mimik, Gestik und in ihrem Tonfall bemerkbar machen, auch wenn sie sich nicht offensichtlich ablehnend gegenüber einer Person verhalten. Wenn diese Situation eintritt, sollte die Mediation abgebrochen werden, denn ihre Neutralität ist nicht mehr vorhanden oder wird zumindest von den Konfliktparteien nicht mehr wahrgenommen.

Glauben an menschliche Entwicklungspotenziale

Ohne den Glauben an die Entwicklungspotenziale der Jugendlichen und ohne das Zutrauen, dass sie Kompetenzen hinsichtlich der Lösung ihres Konfliktes besitzen, kann Mediation nicht gelingen. Diese Methode verlässt sich ausschließlich darauf, dass die Konfliktparteien ihren Konflikt eigenständig lösen können. Die Mediatoren/innen sind lediglich diejenigen, die sie dabei unterstützen, ihnen das Werkzeug dafür zur Verfügung stellen und sie anleiten. Vertrauen Mediatoren/innen nicht auf diese Kompetenzen der Teilnehmer/innen, so werden sie dazu verleitet, sich zu stark in den Mediationsprozess einzubringen und eigene Vorstellungen und Empfindungen zu äußern.

Diese Eigenschaft stellt nach unserer Einschätzung die Basis für Arbeit mit gewaltbereiten Jugendlichen dar. Ohne das Vertrauen in die Entwicklungspotenziale der Jugendlichen verliert der gesamte gewaltpräventive Ansatz seinen Sinn.

Neutralität und Überparteilichkeit

Die Neutralität und Überparteilichkeit der Mediatoren/innen wurde schon als grundlegendes Merkmal der Mediation beschrieben. Dieses Verhalten wird im Rahmen einer Mediation immer wieder Prüfungen unterzogen. Vor allem bei der Vermittlung von Konflikten, in denen eine der Konfliktparteien erheblich geschädigt wurde, müssen die Mediatoren/innen sich bewusst machen, dass keine einseitige Unterstützung gefordert ist, »... *sondern vielmehr eine akzeptierende, fördernde Haltung gegenüber beiden Konfliktparteien*« (Kawamura 1992, S. 24). Bei der Vermittlung von zwischenmenschlichen Konflikten besteht zudem die Gefahr, dass Konflikte bearbeitet werden, die den Mediatoren/innen selber in gleicher oder ähnlicher Weise widerfahren sind, oder die sie zumindest betreffen. In solchen Situationen ist es besonders wichtig, eine Grenze zwischen eigenen Sichtweisen und Empfindungen und denen der Konfliktparteien ziehen zu können. Eine unbewusste Übertragung der eigenen Lösungsvorstellungen oder die unbewusste Parteinahme für eine Konfliktpartei, die eine ähnliche Rolle wie die Mediatoren/innen in ihren Konflikten innehat, würde den Mediationsprozess behindern.

Verschwiegenheit

Inhalte einer Mediation dürfen nicht nach außen getragen werden. Können die Konfliktparteien sich darauf nicht verlassen, wird es ihnen schwer fallen, sich zu öffnen, Erlebnisse oder Gefühle mitzuteilen, die auch gegen sie verwendet werden könnten, die sie verletzbar machen. Diese Öffnung ist ein elementarer Bestandteil von Mediation. Daher müssen die Konfliktparteien sich der Diskretion der Mediatoren/innen sicher sein.

3.5.2 Die fachlichen Qualifikationen

Ergänzend zu diesen persönlichen Voraussetzungen ergeben sich *fachliche Qualifikationen*, die Mediatoren/innen innerhalb einer Ausbildung erwerben können. Sie stellen das Werkzeug dar, mit dem sie in der Lage sind, einen Mediationsprozess so zu gestalten, dass Interessen der Konfliktparteien ausgesprochen werden, dass Verständnis für das jeweilige Gegenüber entwickelt wird und dass letztendlich die Parteien in der Lage sind, eigene Konfliktlösungspotenziale zu entwickeln und auszuschöpfen.

Vertrauensarbeit

Mediatoren/innen müssen zuallererst Vertrauensarbeit leisten. Ohne das Vertrauen der Konfliktparteien werden sie in ihrer Rolle nicht akzeptiert. Ihre Fähigkeiten werden infrage gestellt, ihre Neutralität bezweifelt. Dies stört den Mediationsprozess nicht nur, es kann ihn auch unmöglich machen. In der Jugendarbeit ist dieser Faktor erfahrungsgemäß dadurch gegeben, dass die Pädagogen/innen täglich mit den Jugendlichen arbeiten, deren Konflikte sie vermitteln. Ist das Vertrauen nicht gegeben, werden die Jugendlichen sich weigern, sich an einem Gespräch zu beteiligen.

Gesprächsklima herstellen

Die Atmosphäre, in der eine Mediation stattfindet, wirkt sich entscheidend auf den Verlauf aus. Das betrifft sowohl die räumlichen Gegebenheiten als auch das Klima zwischen den Konfliktparteien. Nur in einem Klima, in dem sich Teilnehmer/innen sicher vor Angriffen, Verletzungen und Indiskretion fühlen, kann eine offene Gesprächsatmosphäre entstehen.

Gesprächsmoderation

Konfliktparteien sind oftmals gewillt, einen Konflikt konstruktiv zu lösen, ihnen ist der hierzu notwendige Weg aber nicht deutlich. Mediatoren/innen können durch die Gesprächsmoderation in für die Konfliktparteien undurchschaubaren Situationen, den Überblick behalten. Sie stellen somit die Brücke zwischen den Betroffenen dar, können die abgebrochene Kommunikation wieder herstellen und den Konfliktparteien den für sie unbekannten Weg ebnen.

Eine deutliche Trennung der Verantwortlichkeiten zwischen Mediator/in (äußerer Rahmen) und Konfliktparteien (Gesprächsinhalt) macht den Unterschied zu anderen Rollen von »Konfliktbearbeiter/innen« sichtbar. Es ist nicht Aufgabe der Mediatoren/innen, Ratschläge zu geben oder Entscheidungen bezüglich der Konfliktlösung zu treffen. Ihr Ziel kann es nur sein, den Konfliktparteien dabei zu assistieren.

Gesprächsführung

Mediatoren/innen müssen Kenntnisse über Methoden der Gesprächsführung haben und mit kontroversem Verhalten, Spannungen und Missverständnissen umgehen können. Sie sollten Erfahrungen aus Verhandlungsprozessen mitbringen. Diese Fähigkeiten sind das Handwerkszeug und stellen die Voraussetzung für eine Ausübung von Mediation dar. Von Mediatoren/innen werden Kenntnisse über Wege der Konfliktregelung erwartet. Zu diesen Fähigkeiten gehört es auch, deutlich zwischen eigener Einschätzung über Konflikte und möglichen Lösungen und Vorstellungen der Konfliktparteien trennen zu können. Ebenso wird erwartet, dass Mediatoren/innen das Gesagte nicht bewerten oder darüber urteilen. Dies widerspricht der Idee der eigenständigen Konfliktregelung sowie der Neutralität.

3.5.3 Ergänzende Qualifikationen von Mediatoren/innen in der Jugendarbeit

Die Mediation mit jugendlichen Teilnehmer/innen ist nicht vergleichbar mit einem Prozess, in dem sich erwachsene Klienten/innen Hilfe suchend an die Mediatoren/innen wenden. Der schwierige Bereich der Arbeit mit gewaltbereiten Jugendlichen verlangt im Besonderen Fähigkeiten und Qualifikationen, die normalerweise nicht Bestandteil von Mediation sind.

Fähigkeit zur Intervention beim Gewaltausbruch

Jugendliche, die sich dazu entschließen, Alternativen zu ihrem Gewaltverhalten auszuprobieren, werden nicht von einem Tag zum anderen gewaltfrei. Gerade bei der Diskussion von Konflikten können Gefühle aufkommen, die für sie unkontrollierbar werden und zu erneuten körperlichen Angriffen führen. Mediatoren/innen müssen hier eingreifen können. Das erfordert sowohl die Berechtigung als auch die Fähigkeit zum Eingreifen. Nur durch konsequentes Einschreiten werden die Jugendlichen Mediation als Alternative zur Gewalt verinnerlichen.

Der erneute Ausbruch von Gewalt innerhalb der Mediation sollte nicht als deren zwangsläufiges Ende betrachtet werden. Jugendliche benötigen Zeit, um ihr Gewaltverhalten zu ändern, und damit sind Rückschläge verbunden. Diese sollten thematisiert werden, müssen jedoch kein Scheitern bedeuten.

Fähigkeit, destruktive Phasen auszuhalten

Das Mediationsgespräch wird durch die Mediatoren/innen nach einem bestimmten Ablauf gestaltet. Die Absprache von Regeln mit den Jugendlichen vor Beginn des Gespräches ist selbstverständlich. Dennoch werden die Jugendlichen sich nicht der bloßen Absprache wegen an diese Regeln halten. Immer wieder ist es erforderlich, sie auf deren Existenz hinzuweisen. Im Eifer der Auseinandersetzung entstehen so Phasen in der Mediation, die den/die Mediator/in zum Regelwächter werden lassen. Eine solche Funktion entbindet die Konfliktparteien von der Verantwortung für das Gesprächsgeschehen und verändert die Rolle der Mediatoren/innen.

Es ist oftmals sinnvoll, den Jugendlichen innerhalb der ersten Phase der Mediation Raum für die regellose Streiterei zu geben, in der ein Wort das andere gibt und niemand dem anderen zuhört. Nach kurzer Zeit wenden sich die Gesichter im Regelfall zum Mediator oder zur Mediatorin und erwartungsvoll wird gefragt, ob dies das Konfliktgespräch sein soll. Dies ist der Moment, die Regeln und das Ziel des Gespräches noch einmal zu verdeutlichen. Die Jugendlichen sind nach dieser Phase der Erregung zumeist ruhiger und haben sich »Luft gemacht«. Sie können jetzt eher zuhören und fühlen sich nicht gezwungen, sofort für alle Behauptungen des Gegenübers den Gegenbeweis erbringen zu müssen.

Sprachliche Nähe zu den Jugendlichen

Jugendliche haben die Angewohnheit, eine eigene Sprache zu kreieren, die der Erwachsenenwelt unverständlich sein kann. Diese Sprache beinhaltet Ausdrücke, die für Erwachsene den Grad der Beleidigung überschreiten. Die Jugendlichen hingegen empfinden dies als normal. Somit besteht zwischen den Jugendlichen und den Mediatoren/innen keine Einigkeit, wann die Regel, sich nicht gegenseitig zu beleidigen, verletzt wird. Hier ist Empathievermögen erforderlich, um zu erkennen, wann der Grad der Beleidigung tatsächlich erreicht ist.

Dieser Problembereich ist ein Argument dafür, dass Mediationen in der Jugendarbeit von Pädagogen/innen durchgeführt werden, die die Jugendlichen täglich erleben, ihr Verhalten einschätzen und ihre Sprache beurteilen können. In der Arbeit mit Jugendlichen gelten andere Regeln des Miteinanders, als es das Konstrukt von Mediation vorsieht. Diese Sensibilität für die individuellen Reaktionen der Jugendlichen können Konfliktvermittler/innen von

außen nicht durch die Durchführung eines einzigen Vermittlungs-
gespräches aufbringen.

Realistische Erwartungshaltungen

Mediation in der Arbeit mit gewaltbereiten Jugendlichen ist nicht
nur als eine Methode zur Bearbeitung von aktuellen Konflikten zu
verstehen. Die größere Chance liegt in der Möglichkeit, Alternativen zum Gewaltverhalten durch die eigenständige, gewaltfreie Konfliktregelung mithilfe von Mediatoren/innen zu erlernen. Lernprozesse benötigen Zeit. Jugendliche sollten in diesem Prozess nicht
durch unrealistische Zielstellungen und starre Methodenauslegung
überfordert werden. Pädagogen/innen sollten Zielvorgaben und Erwartungshaltungen in realistischen Zeitschienen betrachten. So
werden Enttäuschungen und Überforderungen im Voraus vermieden.

3.6 Zwei Rollen – eine Person: Rollenprobleme von Mediatoren/innen in der Jugendarbeit

Die Rolle der Mediatoren/innen stellt einen Gegensatz zur pädagogischen Rolle in der Jugendarbeit dar. Pädagogen/innen verfolgen
Zielstellungen in der Arbeit mit Jugendlichen, sie haben ein eigenes
Interesse an deren Entwicklung und damit auch ein Interesse an
deren Konfliktverhalten. Innerhalb von Einrichtungen kommt die
Funktion der Raumwächter/innen hinzu, mit der weitere Interessen
verbunden sind. Kann es möglich sein, diese Interessen im Vermittlungsgespräch zu vergessen? Und können die Jugendlichen, die die
Pädagogen/innen mit ihren Interessen täglich erleben, diesen tem-
porären Wechsel nachvollziehen? Mit Sicherheit hat dieser Rollenwechsel Grenzen. Für die Pädagogen/innen dahingehend, dass sie
niemals nur Mediatoren/innen sein werden, die lediglich ein Interesse an der konstruktiven und gewaltfreien Regelung des aktuellen
Konfliktes haben. Sie verfolgen Lernziele mit den Jugendlichen, die
sie durch die Methode der Mediation umsetzten möchten. Sie wer-

den während der Mediation wesentlich deutlicher darauf achten müssen, sich selber mit ihren Ideen, Wünschen und Forderungen zurückzuhalten, als dies Mediatoren/innen generell tun müssen. Ein dauernder Prozess der Selbstkontrolle begleitet sie in den Gesprächen.

Schwieriger ist dieser Rollenwechsel für die Jugendlichen nachzuvollziehen. Welchen Sinn soll es machen, dass die Pädagogen/innen plötzlich keinen Lösungsvorschlag mehr unterbreiten? Warum werden die Jugendlichen plötzlich mit der Problemlösung allein gelassen? Hier können nicht nur Unverständnis, sondern auch Ärger über mangelnden Beistand entstehen. Ist die Methode bei den Jugendlichen bekannt und sind die Grundsätze der Mediation nicht nur Teil von Konfliktregelung, sondern ebenso Teil der pädagogischen Arbeit, werden die Jugendlichen die neutrale, nicht beeinflussende Rolle der Konfliktvermittler/innen leichter annehmen können.

Ausgehend von der Annahme, dass Mediation in den meisten Institution noch nicht fester Bestandteil des Umgangs mit Konflikten ist, wird der Normalfall nicht der sein, dass die Jugendlichen um eine Mediation bitten. Die Pädagogen/innen werden im Gegenteil diejenigen sein, die darauf drängen, einen Konflikt zu regeln, und Mediation als eine mögliche Methode anbieten. Sie sind keine »Profis«, die von außerhalb zur Konfliktregelung engagiert werden, sondern erleben die Jugendlichen mit ihren Konflikten alltäglich. Sie sind also indirekt immer Beteiligte des Konfliktes, zumindest aber nie Fremde. Dies hat Vor- aber auch Nachteile. Die Vorteile sind darin zu sehen, dass ein Vertrauensverhältnis nicht erst aufgebaut werden muss, sondern bereits besteht. Ebenso kennt der/die Mediator/in die Jugendlichen und kann einschätzen, welche Schwierigkeiten sich innerhalb der Mediation ergeben könnten, kann sich also besser vorbereiten. Für die Jugendlichen ist es leichter, sich einer Person gegenüber zu öffnen, die ihr Vertrauen genießt, als sich mit einem Fremden konfrontiert zu sehen.

Ein gravierender Nachteil besteht allerdings darin, dass die Jugendlichen den/die Pädagogen/in innerhalb der Mediation nicht als ihre/n Vertraute/n, sondern als neutrale dritte Partei ansehen müssen.

Die Mediatoren/innen müssen unter diesen Voraussetzungen ihre Rolle also ausdrücklich verdeutlichen. Immer wieder werden die Jugendlichen versuchen diese Neutralität zu ihren Gunsten aufzulösen. Mit Fragen wie: »*Du kennst mich doch. War ich nicht immer korrekt? Hab ich dich denn schon mal reingelegt?*«, oder: »*Ich bin doch schon viel länger hier als die. Du kannst mich doch nicht genauso behandeln wie die Neue*«, wird die Neutralität hinterfragt. In einem solchen Fall muss noch einmal verdeutlicht werden, welche Rolle ein/e Mediator/in für den Zeitraum des Konfliktgespräches innehat.

Eine andere Besonderheit ergibt sich, wenn die Pädagogen/innen nicht nur als Mediatoren/innen, sondern auch als Intervenierende im Konflikt tätig waren. Hier ist die Gefahr besonders groß, sich seine eigene Sichtweise über den Konflikthergang zu bilden und der Schilderung der Konfliktparteien weniger Aufmerksamkeit zu schenken. Diese Schilderung dient aber vor allem den Konfliktparteien, um gegenseitiges Verstehen zu ermöglichen. Beschneiden die Mediatoren/innen diese Phase, da sie den Konflikt selber beobachtet haben, nehmen sie den Betroffenen ein wichtiges Element zu Klärung des Konfliktes. Hinzu kommt, dass Jugendliche nicht zwischen der bewertenden und machtvollen Rolle während der Deeskalation und der wertfreien, neutralen Rolle innerhalb der Mediation trennen können. Ein solcher Konflikt sollte vermieden werden, indem Kollegen/innen, die deeskalierend tätig waren, keine Rolle während der Konfliktregelung übernehmen.

In der Arbeit mit Jugendlichen entstehen oftmals Konflikte mit einer deutlichen Opfer-Täter-Konstellation. Die Vermittlung in solchen Fällen stellt eine gesonderte Herausforderung für den/die Mediator/in dar. Die persönliche Betroffenheit muss hier mehr als in anderen Fällen von der Aufgabe als Mediator/in getrennt werden. Individuelle Grenzen werden deutlich und Pädagogen/innen sollten im Vorfeld des Gespräches reflektieren, ob sie die vermittelnde Rolle in diesem Fall einnehmen können. Gerade Opfer-Täter-Konstellationen fordern die Übertragung von persönlichen Erfahrungen und damit verbundenen Gefühlen auf die Jugendlichen heraus und erschweren damit die Wahrnehmung der tatsächlichen

Emotionen der Teilnehmer/innen. Hinzu kommt die berechtigte Erwartung des Opfers, nicht neutral behandelt zu werden, sondern Unterstützung zu erhalten. In jedem Fall ist das deutliche Einverständnis des Opfers zu dieser Form der Konfliktregelung notwendig.

Die Jugendarbeit zeichnet sich heutzutage besonders durch Beziehungsarbeit aus. Der persönliche Kontakt zum/zur Pädagogen/in wird immer wichtiger. Beziehungen können jedoch nicht zu allen Besuchern/innen einer Einrichtung oder allen Mitglieder einer Jugendgruppe gleich intensiv sein. Sympathie und Antipathie spiegeln sich wie im täglich Leben auch in Beziehungen zwischen Pädagogen/innen und Jugendlichen wieder. Mediatoren/innen in der Jugendarbeit haben somit zu den Teilnehmer/innen des Konfliktgespräches schon vor dessen Beginn eine nicht-neutrale Beziehung. Dies erschwert den Rollenwechsel um ein weiteres Element. Um die in diesem Arbeitsfeld aufkommenden Rollenschwierigkeiten im Vorfeld anzusprechen, kann die folgende Übung dienen.

Übung Nr. 9:   *Meine Rolle als Mediator/in in der Jugendarbeit*
Zeit: Je nach Gruppengröße unterschiedlich
Material: Kopie der Fragestellungen

Erörtern Sie in Ihrer Trainingsgruppe die folgenden Fragen. Sie können dadurch feststellen, inwieweit die vorab dargestellten Problemstellungen auf Sie oder Ihre Institution zutreffen und wo Differenzen innerhalb der Trainingsgruppe liegen, die eventuell bearbeitet werden sollten.

- Was sind meine Interessen bei der Methode Mediation generell?
- Mit welchen Interessen gehe ich im Normalfall in eine Konfliktklärung zwischen Jugendlichen, Klienten/innen, Cliquen etc. und wie kann ich dies mit der Methode Mediation vereinbaren?
- Inwiefern muss eine Abgrenzung zwischen meiner Rolle als Pädagoge/in und meiner Rolle als Mediator/in erfolgen. Welche Ansprüche der Methode kann ich nicht erfüllen? Wo habe ich

aufgrund meiner Doppelrolle aber auch Vorteile innerhalb der Mediation?

- Wo liegen meine Befürchtungen und Ängste bezüglich der Rolle als Mediator/in in der Jugendarbeit?
- Welche Chancen erhoffe ich mir durch Mediation bezüglich der weiteren Arbeit mit den Jugendlichen?

3.7 Aufbau einer Mediationssitzung und Darstellung der angewendeten Gesprächstechniken

Der Aufbau einer Mediationssitzung differiert je nach Zielgruppe oder inhaltlichem Schwerpunkt. Die für die Mediation typischen Elemente bleiben jedoch immer erhalten. Die hier aufgezeigte Variante ist angelehnt an das Grundmodell. Angepasst an die Besonderheiten der Jugendarbeit, wird in jeder Phase gesondert darauf eingegangen, welche Schwierigkeiten sich mit jugendlichen Teilnehmer/innen ergeben können und auf welche Punkte besonders geachtet werden muss. Die anzuwendenden Gesprächstechniken werden beispielhaft in den einzelnen Phasen dargestellt, beschränken sich in der Anwendung aber nicht auf die Bereiche, in denen sie genannt werden.

Die Mediationssitzung mit Jugendlichen sollte eine gewisse Zeitspanne nicht übersteigen. Die Fähigkeit der Konzentration nimmt schnell ab, die Unruhe hingegen nimmt zu. Dennoch sollten Mediatoren/innen keinesfalls auf ein schnelles Ergebnis drängen und die Jugendlichen in eine bestimmte Richtung steuern. Bei Jugendlichen ist die Konfliktklärung zumeist erleichtert, da kaum Konflikte mit langjährigem Beziehungshintergrund vorliegen. Dies macht eine Konfliktregelung in einer Zeitspanne von 20 bis 30 Minuten möglich. Selten sind solche Konflikte, die mehrere intensive Gespräche über mehrere Tage benötigen. Sollte die Klärung wider erwarten doch länger brauchen, sind Pausen für Jugendliche und Mediatoren/innen sinnvoll.

Die Vorphase

Um in einem Konflikt als Mediator/in aktiv zu werden, bedarf es einiger Vorinformationen bezüglich des Konfliktes. So kann entschieden werden, wer die Mediation durchführen kann. Auch muss die Motivation der Jugendlichen hergestellt werden, sich an dieser Form von Konfliktregelung zu beteiligen. Diese erste Phase ist nicht Teil der eigentlichen Mediationssitzung.

Es wurde bereits deutlich, dass sich das gesamte Mediationsgespräch ohne die Akzeptanz des/der Mediators/in durch die Konfliktparteien erübrigen würde. Daher ist die Klärung dieses Aspektes ein zentraler Punkt in der Vorphase. Wenn Bedenken bei den Jugendlichen bestehen oder vermutet werden, müssen diese thematisiert werden. Können sie nicht ausgeräumt werden, muss der/die Mediator/in sich zurückziehen.

Dieser Aspekt führt bei den Jugendlichen zu den ersten Irritationen. In Normalfall werden sie in keinem ihrer Lebensbereiche gefragt, wen sie als dritte Person in Konflikten akzeptieren. Mit dieser Aufforderung zur Entscheidung beginnt die Übernahme der Verantwortung für die gesamte Konfliktregelung. Es kommt nach unserer Erfahrung selten vor, dass Jugendliche diese ihnen übertragene Verantwortung missbrauchen und die Konfliktklärung durch eine scheinbare Uneinigkeit über die Person des/der Mediators/in verzögern.

In allen Bereichen der Anwendung von Mediation wird diese erst durchgeführt, wenn beide Konfliktparteien dazu bereit sind. Auch in der Arbeit mit Jugendlichen muss für sie die Möglichkeit bestehen, sich auf die Mediation einzustellen. Das setzt voraus, dass sie eine Gelegenheit haben, Stress und Aggressionen abzubauen. Mediation mit Teilnehmer/innen, bei denen Wut und Erregung vorherrschen, die den Willen zu einer gemeinschaftlichen Konfliktregelung überschatten, kann nur schwer gelingen. Eine aggressive Grundstimmung innerhalb der Mediation kann eine konstruktive Konfliktregelung verhindern. Möglichkeiten zum Stressabbau für die Jugendlichen sind individuell unterschiedlich und ihre Bedürfnisse sollten hier respektiert werden.

Mediation ist eine Form der Konfliktregelung, die davon abhängt, inwieweit die Konfliktparteien sich öffnen und Empfindungen mitteilen. Dies wird davon beeinflusst, ob sie sich wohl fühlen. Sich einem Gespräch mit einem Kontrahenten auszusetzen stellt schon allein eine emotionale Belastung dar. Kommt eine unangenehme Atmosphäre hinzu, wird das Gespräch entsprechend erschwert. Ein Raum, der dauerhaft an den unangenehmen Streit erinnert oder der ein ungestörtes Gespräch nicht ermöglicht, ist die denkbar ungünstigste Atmosphäre. Eine Mediation im Büro einer Jugendeinrichtung oder im Lehrerzimmer einer Schule kann kaum gelingen. Die Störungen sind hier eher das geringere Problem. Die Beziehung zwischen den Beteiligten ist von vorneherein durch eine hierarchische Struktur gekennzeichnet, die sich allein aus der Raumnutzung ergibt. Jugendliche dürfen in der Regel das Büro ebenso wie das Lehrerzimmer nicht allein betreten. An diesem Ort sind sie Gast und die Pädagogen/innen die Gastgeber. Die gleichberechtigte Dreiecksstruktur der Mediation kann so nicht realisiert werden. Die Wahl des Raumes für die Mediation ist somit der erste Schritt zum Ge- oder Misslingen des Konfliktgespräches.

Die Sitzordnung innerhalb der Mediation hat einen ebenso entscheidenden Einfluss auf die Gesprächsatmosphäre. Sie muss die Gleichwertigkeit der Konfliktparteien zum Ausdruck bringen und die Neutralität des/der Mediators/in sichtbar machen. Dies ist durch einen quadratischen Tisch, an dem der/die Mediator/in zwischen den beiden Kontrahenten/innen sitzt, zu erreichen. Konfliktgespräche, gleich welcher Art, verlaufen in der Arbeit mit Jugendlichen erfahrungsgemäß ruhiger, wenn der Tisch als »Schutzbarriere« genutzt wird. Sitzen sich die Konfliktparteien ohne Tisch gegenüber, wird die gesamte Körpersprache sichtbar. Ein Gefühl von »Ausgeliefertsein« kann leicht zu Irritationen führen und Hemmungen bei den Jugendlichen auslösen. Sie sind dann mehr mit dem Verbergen oder Überspielen der Unsicherheit beschäftigt als mit dem Einlassen auf das Konfliktgespräch. Hinzu kommt, dass in der Arbeit mit Jugendlichen, die Gewalt als Mittel der Auseinandersetzung begreifen, immer auch die Gefahr des erneuten Ausbruchs dieser Gewalt besteht. Der Tisch ist hier ein zusätzlicher Schutz vor Eskalationen.

Es gibt zahlreiche Argumente, die in der herkömmlichen Mediation wie auch in anderen Formen der Konfliktregelung für eine offene Gesprächsstruktur ohne Tische sprechen. Diese sind durch die Zielgruppe der Jugendlichen nicht außer Kraft gesetzt. Der Tisch behindert die direkte Auseinandersetzung, er gibt Raum, sich zu verstecken, und schafft letztendlich bis über die Einigung der Konfliktparteien hinaus eine Distanz zwischen den beiden. Es geht in dieser Frage nach unserer Einschätzung nicht um eine endgültige Entscheidung, welche Form die bessere wäre. Es stellt sich viel eher die Frage, was das Gelingen der Mediation mehr befördern könnte, oder anders herum, was den Gesprächsablauf weniger behindert.

Einleitung des Mediationsgespräches

Die Einleitung sollte dazu dienen, Erwartungen abzuklären und gemeinsame Regeln des Gespräches zu vereinbaren. Diese Phase muss in ihrer Dauer kurz gehalten werden, da die Jugendlichen ihre Sichtweise des Konfliktes darstellen möchten. Je länger die Einleitung andauert, umso weniger hören die Teilnehmer/innen tatsächlich, was die Mediatoren/innen sagen. Eventuelle Absprachen werden so zum bloßen »Abnicken« durch die Jugendlichen.

Um zu vermeiden, dass eine der Parteien den Eindruck erhält, der/die Mediator/in hätte im Vorfeld Absprachen mit einer Person getätigt, ist es sinnvoll, den bisherigen Stand der Dinge darzustellen. Lässt der/die Mediator/in sich diese Schilderung durch die Konfliktparteien bestätigen, kann vermieden werden, dass eine Partei sich falsch dargestellt fühlt.

Die Klärung des Rollenverständnisses im Mediationsverfahren ist ein wichtiger Aspekt der Einleitung. Es muss deutlich werden, dass der/die Mediator/in eine neutrale Instanz ist, die nicht von der Richtigkeit der Schilderungen der Jugendlichen überzeugt werden muss. Der Ablauf der Mediation sollte nur insoweit geschildert werden, wie er für die Jugendlichen notwendig ist. Eine ausführliche Darstellung könnte die Konfliktparteien überfordern und nimmt zu viel Zeit in Anspruch. Die Zusicherung von Vertraulichkeit über das Gespräch ist die Basis für Offenheit in der Auseinandersetzung.

Die Absprache von Regeln erscheint uns in der Mediation mit Jugendlichen entscheidend, denn sie machen eine konstruktive und faire Kommunikation erst möglich. Unter Absprache ist zu verstehen, dass die Regeln genannt werden und das Einverständnis zu deren Einhaltung bei den Jugendlichen erfragt wird. Einigt man sich im Vorfeld auf bestimmte Regeln und bekommen Mediatoren/innen die Erlaubnis, auf die Einhaltung dieser Regeln zu achten, können später auftretende Störungen besser geklärt werden. Vier Regeln sind grundlegend:

- Keine Anwendung von Gewalt während und nach der Mediation.
- Sich gegenseitig ausreden lassen und zuhören.
- Keine Beleidigungen.
- Mediatoren/innen geben keine Lösung vor.

Die letzte Regel weist auf einen besonders problematischen Punkt hin. Pädagogen/innen werden von den Jugendlichen in der Regel als diejenigen empfunden, die Konflikte zu klären versuchen, oftmals auch Regeln des Umgangs miteinander vorgeben. Den Jugendlichen muss deutlich gemacht werden, dass der/die Mediator/in während der Mediation nicht Mitarbeiter/in ist, sondern die neutrale dritte Partei, die lediglich unterstützende Aufgaben hat. Die Lösung müssen die Jugendlichen selber erarbeiten.

Die Einleitung eines Gespräches bestimmt entscheidend die Atmosphäre, in der gesprochen wird. Für diese Atmosphäre ist, auch das Klima zwischen den Kontrahenten/innen verantwortlich, was schon zu Beginn durch den/die Mediator/in beeinflusst werden sollte. Schon wenige anerkennende Worte darüber, dass die Konfliktparteien zur der Mediation bereit sind, kann eine kooperativere Atmosphäre schaffen. Diese positive Wertschätzung gibt den Jugendlichen mehr Sicherheit, sich richtig entschieden zu haben.

Zur Vorbereitung auf diese erste Phase des Mediationsgespräches schlagen wir Ihnen die folgende Übung vor:

Übung Nr. 10:   *Schreiben einer Einleitung*
Zeit: Ca. 45 Min.
Material: Keines

Vor Beginn der Rollenspiele kann es sinnvoll sein, die eigene Einleitung schriftlich zu verfassen. Es gibt Sicherheit, die ersten Worte, den Beginn des Gespräches vorab formuliert zu haben. Nichts macht unsicherer, als gerade am Anfang des Klärungsgespräches nach Worten zu suchen und die Erwartungen der Jugendlichen auf das nun Folgende zu spüren. Die schriftliche Fassung zwingt Sie nicht, wörtlich so zu beginnen. Sie kann Ihnen durch einen kurzen Blick auf das Skript aber Unsicherheiten nehmen.

- Schreiben Sie in Einzelarbeit einen wörtlichen Entwurf ihres Einleitungstextes. Versuchen Sie alle vorab dargestellten Punkte in der Einleitung zu berücksichtigen und bedenken Sie, dass sie nicht zu viel Zeit mit dieser Phase verbringen sollten.
- Lesen Sie sich die Einleitung in der Gruppe vor und geben Sie sich gegenseitig Rückmeldungen bis Sie mit Ihrer Einleitung zufrieden sind.

Konfliktdarstellung

Mit dieser Phase beginnt die eigentliche Konfliktbearbeitung. Die Konfliktparteien schildern nacheinander ihre Sichtweise über den Konflikt. Dies erfolgt nicht direkt zwischen den Parteien, sondern über den/die Mediator/in. So können störende Interventionen durch die Gegenseite eher vermieden werden. »*Im Dabeisein von unparteiischen Dritten können viele Dinge ans Tageslicht gebracht werden, die bisher nicht ausgesprochen wurden, und die KonfliktpartnerInnen hören vielleicht zum ersten Mal zusammenhängend und vollständig die Sichtweise der anderen.*« (Besemer 1993, S. 72)

Mit der Schilderung der Erlebnisse tritt das erste größere Problem auf. Jugendliche haben gerade in Konfliktsituationen Schwierigkeiten, sich gegenseitig zuzuhören, ohne ständig dazwischenzureden.

Während eine Konfliktpartei ihre Sichtweise des Konfliktes schildert, scheint die andere förmlich zu platzen. Sie kann es kaum erwarten, ihrerseits die Behauptungen des anderen richtig zu stellen. Die allgemeine Mediationsliteratur empfiehlt hier, der zuhörenden Partei Papier und Bleistift zu geben, sodass sie sich Notizen machen kann (ebd., S. 72). Nach unserer Erfahrung sind Jugendliche dazu nur schwer in der Lage. Die Schilderung der Gegenpartei bringt zum Teil Gefühle von Wut und Ärger auf, die es ihnen unmöglich machen, ihre Gegenargumente schriftlich abzufassen. Besonders jene Jugendliche, denen eine verbale Form der Konfliktregelung fremd ist, haben Schwierigkeiten, ihre Sichtweise zu formulieren und darzustellen, was sie empfinden. Die Schriftsprache erhöht diese Schwierigkeit. Bevor die Mediation scheitert, da eine Konfliktpartei eventuell die Sitzung verlässt, um sich die Schilderung nicht länger kommentarlos anhören zu müssen, sollten Mediatoren/innen ihr erlauben mitzuteilen, was sie so aufbringt.

Ein weiteres Problem ergibt sich bei der Frage, wer denn eigentlich mit der Schilderung beginnt. In keinem Fall sollten Mediatoren/innen entscheiden, wer zuerst erzählen darf. Dies kann als Parteinahme empfunden werden. Handelt es sich nicht um eine eindeutige Opfer-Täter-Konstellation, in der dem Opfer die Entscheidung zukommt, wer anfangen sollte, benötigt man ein objektives Entscheidungskriterium, wie z.B. das Werfen einer Münze.

Die Frage: »Wer möchte denn Anfangen?« kann, wie folgendes Beispiel zeigt, das gesamte Gespräch beeinflussen:

Elina und Monika hatten einen Konflikt und sind einverstanden diesen durch eine Mediation zu klären. Der/die Mediator/in erläutert das Verfahren und fragt zur Einleitung der Darstellungsphase: »Wer möchte denn anfangen zu erzählen? Elina entgegnet: »Ich möchte anfangen.« Monika sagt daraufhin mit arrogantem Blick: »Lass sie ruhig anfangen. Sie fängt ja immer an.«

Die folgende Diskussion ist klar und die Mediation beginnt mit einem Streit über die Frage, wer anfangen sollte.

Haben beide Parteien ihre Sichtweisen dargestellt, ist es die Aufgabe von Mediatoren/innen, Gemeinsamkeiten und Differenzen festzuhalten. Dadurch kann Ordnung in das »Streitgewirr« der Konfliktparteien gebracht werden. Ihnen ist aufgrund ihrer eigenen subjektiven Sichtweisen oftmals gar nicht deutlich, wo die Differenzen liegen und wo Gemeinsamkeiten bestehen. Durch die Strukturierungen des/der Mediators/in merken sie, dass nicht alle ihre Interessen gegensätzlich sind, und sie können sich im weiteren Verlauf der Mediation auf die bleibenden Differenzen konzentrieren.

Häufige Gesprächstechniken in dieser Phase:

● *Offene Fragen*

Es kann im Mediationsverlauf vorkommen, dass die Konfliktparteien Hemmungen haben, sich zu öffnen und alles zu schildern, was sie mit dem Konflikt verbinden. Eine mögliche Ursache hierfür kann sein, dass die zu bearbeitenden Konflikte für die Jugendlichen sehr problematisch, unangenehm oder peinlich sind. Durch offene Fragen können Mediatoren/innen sie dazu ermuntern, mit ihren Ausführungen fortzufahren. Unter offenen Fragen werden solche verstanden, die keine Antwortkategorie vorschreiben. Also keinesfalls solche, auf die der Betroffene nur mit »ja« oder »nein« antworten können. In der Mediation mit Jugendlichen kommen diese Situationen dann vor, wenn wirklich belastende Konflikte, z.B. zwischen guten Freundinnen, bearbeitet werden sollen.

● *Zusammenfassung*

Eine häufig angewendete Technik in dieser Phase ist das Zusammenfassen der Äußerungen der Konfliktparteien. Das Zusammengefasste darf jedoch nicht als Tatsache dargestellt werden, sondern sollte als Frage an die Parteien zurückgegeben werden. So haben sie die Möglichkeit zu bestätigen, ob das Gesagte angekommen ist bzw. richtig verstanden wurde. Zudem fällt es Konfliktparteien – altersunabhängig – in der Regel leichter, den Mediatoren/innen zuzuhören als ihrem Gegenüber. Somit stellt das Zusammenfassen eine Möglichkeit dar sicherzustellen, dass die Jugendlichen alle Schilderungen hören. Diese Technik gibt den Mediatoren/innen die Gelegenheit, ordnend in das Geschehen einzugreifen und einzelne Gesprächsphasen abzuschließen. Es kann auch sinnvoll sein, durch das Zusammenfassen in den Gesprächsablauf zwischen den Konfliktparteien einzugreifen, wenn dieser sich zu einer »Ping-Pong-Kommunikation« entwickelt hat. Hier ist eine Unterbrechung notwendig, um den Parteien zu verdeutlichen, dass sie sich in einen destruktiven Gesprächsstil verstrickt haben (Schulz von Thun/Thomann 1988, S. 48/49).

- *Aussagen umformulieren*

Gerade in der Phase der Konfliktschilderung, wenn unter den Betroffenen noch wenig Verständnis füreinander erzeugt ist, können sie dazu neigen, verletzende, wertende und provozierende Aussagen zu machen. Dies führt beim Gegenüber dazu, dass es sich verteidigen möchte, einen »Gegenangriff« startet. Ergebnis ist eine destruktive Kommunikation, deren eigentliches Ziel die Verletzung des Gegners, aber keinesfalls die Klärung des Konflikts ist. Mediatoren/innen können hier einschreiten und solche Äußerungen in eine neutrale Sprache umformulieren, bevor es zu einer destruktiven Kommunikation kommt.

Statt: »Du findest, Ahmed ist ein Feigling, weil er nicht alleine, sondern mit seiner Clique zu dir gekommen ist«, besser: »Du hättest es fairer gefunden, wenn Ahmed allein und nicht mit seiner Clique zu dir gekommen wäre.«

Der Zuhörende muss seine Aufmerksamkeit dadurch nicht auf die eventuell beleidigende Äußerung richten, sondern erfährt, dass sich ein annehmbares Interesse oder ein Wunsch hinter dieser Äußerung verbirgt.

Konflikterhellung

Die Phase der Konflikterhellung dient dazu, Hintergrundinteressen offen zu legen, Gefühle zu erkennen und gegenseitiges Verständnis zu entwickeln. Um die Partei, die in der Phase der Konfliktschilderung zuhören muss, nicht zu sehr zu belasten, wird mit dem Hinterfragen, dem Ausdrücken von Gefühlen und dem »In-die-Tiefegehen« bis zu dieser Phase gewartet. In der Regel werden die Konfliktparteien während der Konfliktschilderung Gefühle oder Hintergründe vielleicht benennen, jedoch nicht ausreichend behandeln oder hinterfragen. Nur durch die Erhellung kann aber gegenseitiges Verstehen aufgebaut werden und die Kommunikation schrittweise von den Mediatoren/innen zu einer direkten Auseinandersetzung zwischen den Parteien hingeführt werden. Im Idealfall klärt sich in dieser Phase der Konflikt, sodass die Jugendlichen für Lösungsmöglichkeiten offen werden.

Ziel der Konflikterhellung ist es ebenso, den Jugendlichen die Möglichkeit zu geben zu erkennen, welche Gefühle ihr Verhalten bei der anderen Partei auslöst. Viele Jugendliche setzten sich bis dahin gar nicht mit den Folgen ihres Verhaltens für ihre Umwelt auseinander. Sie werden innerhalb der Mediation unmittelbar mit den Konsequenzen von bestimmten Handlungen konfrontiert und müssen dies in die Konstruktion einer Lösung einbeziehen.

Zu diesem Zeitpunkt kann sich das zweite größere Problem im Gesprächsablauf ergeben. Jugendliche sind bis zu einem gewissen Alter kaum in der Lage, ihre Gefühle zu verbalisieren. Sie finden oftmals keine Worte für das, was in ihnen vorgeht. In der Phase der Adoleszenz ist eine gewisse Scheu, die Gefühle offen darzustellen, nicht ungewöhnlich. Gerade bei Jungen widersprechen Gefühle von Angst, Scham, Verletzung oder Trauer dem Bild von Männlichkeit, dem sie sich anzunähern versuchen. In vielen Jugendgruppierungen kommt die Gruppennorm des »Stärkezeigens« hinzu, die jegliche Emotionalität als »weibisch« abwertet.

Hier müssen Mediatoren/innen Formulierungen finden, die die Jugendlichen dazu anregen, ihre Gefühle zu äußern. Das »Spiegeln« wird im Folgenden als eine solche Möglichkeit beschrieben. Nach unseren Erfahrungen keinesfalls erfolgreich ist die bloße Frage: »Wie hast du dich im Moment der Auseinandersetzung gefühlt?« Die eher jugendtypische Formulierung: »Was ist bei dir abgegangen?«, kann die Hemmschwelle, sich zu öffnen, überwinden helfen. Allerdings sollten Mediatoren/innen innerhalb einer Mediation nicht eine völlig andere Sprache gebrauchen als in der täglichen pädagogischen Arbeit. Eine solche Veränderung macht sie unglaubwürdig.

Die Konflikterhellung schließt mit den Fragen nach Wünschen der Jugendlichen ab. Wünsche, die die Konfliktsituation betreffen, und solche, die sich auf die aktuelle Phase der Klärung beziehen. Die Konfliktparteien können so beginnen, sich mit Verhaltenserwartungen zu konfrontieren.

Häufige Gesprächstechniken in dieser Phase:

- *»Spiegeln«*

»Spiegeln« als Gesprächstechnik meint, mit eigenen Worten das wiederzugeben, was eine der Konfliktparteien gesagt hat. Das gibt ihr die Möglichkeit, ihre eigenen Überlegungen noch einmal zu hören und zu bestätigen, ob das Gesagte auch richtig verstanden wurde. Bei dieser Technik ist einiges zu beachten. Der/die Mediator/in gibt die Sichtweise einer Partei wieder und wertet nicht, wie er/sie selber dazu steht. Dem Betroffenen kann durch diese Gesprächstechnik das Gefühl entgegengebracht werden, dass man ihm intensiv zuhört, dass man ihn verstehen möchte. *»Häufiger Gebrauch des Spiegelns kann dazu führen, dass die andere Person den Eindruck bekommt, sie könne sich nicht richtig ausdrücken und nicht für sich selber reden.«* (Besemer 1993, S. 117) Daher ist diese Technik nur bei wichtigen Botschaften anzuwenden.

Die Spiegelung erfolgt auf der Ebene der Sachinformationen ebenso wie auf der emotionalen Ebene. Eine vertiefte Form des »Spiegelns« beschränkt sich nicht nur auf die tatsächlich genannten Emotionen, sondern versucht durch einfühlendes Zuhören zu entschlüsseln, was die Person empfindet, aber nicht auszudrücken vermag. Hier ist besondere Sensibilität erforderlich, denn die Konfliktparteien werden mit Gefühlen konfrontiert, die sie eventuell gar nicht offenbaren wollten.

• *Ich-Botschaften*

Ziel der Konflikterhellung ist es, schrittweise die direkte Kommunikation zwischen den Parteien herzustellen. Dies kann gefördert werden, wenn die Mediatoren/innen die Parteien dazu auffordern, bestimmte positive Formulierungen nicht hinter »Man-Botschaften« zu verstecken. »Ich-Botschaften« ermöglichen es dem Gegenüber, direkt Stellung zu beziehen, einen Eindruck zu gewinnen, wie die Interessen und Empfindungen der anderen Partei aussehen. Bei »Man-Formulierungen« kann der Eindruck entstehen, als würde eine Person für die Allgemeinheit sprechen, das Gesagte muss nicht mit ihr in Verbindung gebracht werden. Direkte Kommunikation wird aber erleichtert, wenn Konfliktparteien sich mit konkreten Empfindungen des Gegenübers auseinander setzen müssen. Bei positiven Äußerungen ist dies einfacher. »Ich-Botschaften« können zudem verhindern, dass eine Konfliktpartei sich darauf beschränkt, ihr Gegenüber zu kritisieren, ohne sich selber zu öffnen, bildet also auch eine Alternative zu »Du-Botschaften«, die oftmals Schuldzuweisungen enthalten.

Lösungsphase

Der Entwurf von Lösungen setzt voraus, dass die Jugendlichen ihren Konflikt nicht mehr als gegnerischen Kampf, sondern als gemeinsames Problem sehen können. So werden sie erkennen, dass jede Seite Gründe für ihre Interessen und ihr Verhalten hat. Dadurch kann eine Lösung gefunden werden, die möglichst viele Interessen berücksichtigt.

Praktisch verläuft diese Phase so, dass die Parteien Ideen zur Lösung des Konfliktes sammeln, ohne diese zu bewerten. Bei sehr komplexen Konflikten kann es nötig sein, diese in Teilbereiche zu trennen und für jeden Teilbereich einzelne Lösungsmöglichkeiten zu entwerfen. Es ist wahrscheinlich, dass bereits während der Konfliktbearbeitung mögliche Richtungen angedacht wurden, die hier fortgesetzt und vertieft werden können. Die ausbleibende Bewertung zu dieser Zeit soll es ermöglichen, eine Vielzahl von Ideen zu entwickeln.

Nach der Sammlung erfolgt die Auswahl und Bewertung. Hier stellt sich die Frage nach akzeptablen Bewertungskriterien. Allparteiliche Kriterien sind die Fairness der Lösung und ihre Stabilität. Als fair wird eine Lösung von den Konfliktparteien in der Regel dann empfunden, wenn sie sich im Konfliktlösungsprozess ausreichend einbringen können, beteiligt sind und nicht übergangen werden. Dies ist aber ein sehr subjektives Kriterium. Konfliktparteien können sich auch dem Lösungsvorschlag des Gegenübers anpassen und die Lösung trotzdem als fair empfinden, ohne sich selber eingebracht zu haben. Hier ist es Aufgabe der Mediatoren/innen, sie auf die fehlende Gemeinschaftlichkeit der Lösung aufmerksam zu machen. Zu bewerten, ob eine Lösung stabil ist, ist problematischer. Stabilität wird dann erzeugt, wenn Lösungen auch eingehalten werden können, wenn es den Parteien möglich ist, das vereinbarte Ergebnis umzusetzen. Jugendliche neigen jedoch zum Teil dazu, Lösungsvorschläge zu entwickeln, deren Scheitern schon vor Beginn deutlich ist. »*Wir werden uns nie wieder streiten*« wäre ein solches Beispiel. Hier sollten Mediatoren/innen die Jugendlichen auf überzogene Zielstellungen aufmerksam machen, ohne eigene Bewertungen oder Mutmaßungen einzubringen.

In der Phase der Lösungsfindung müssen sich Mediatoren/innen im Jugendbereich stärker einbringen, als in der herkömmlichen Mediation. Sie müssen mit den Jugendlichen gemeinsam überprüfen, ob die Lösungsvorschläge den Kriterien standhalten, denn die Jugendlichen können im Bereich der offenen Jugendarbeit z.B. keine Lösungen erarbeiten, die den Ablauf der gesamten Arbeit der Einrichtung behindern. In solchen Fällen laufen Mediatoren/innen Gefahr, sich in ihrer Rolle als Einrichtungsmitarbeiter/in bewertend zu verhalten. Um das zu umgehen, können die Jugendlichen durch die Fragestellung »*Kann die Lösung hier in diesem Haus auch umgesetzt werden?*« selber dazu ermuntert werden sich bezüglich der Umsetzbarkeit Gedanken zu machen. In keinem Fall sollten Mediatoren/innen bewertend eingreifen und die Unmöglichkeit der Lösung darstellen. Entsteht der Eindruck, die Jugendlichen beurteilen diesen Punkt unrealistisch, kann z.b. ein/e Kollege/in der Einrichtung zur Klärung dazugebeten werden, um einen Rollenwechsel zu verhindern.

Häufige Techniken in dieser Phase:

- *Brainstorming*

Das Brainstorming meint die Sammlung aller möglichen Ideen der Konfliktparteien zu einer bestimmten Fragestellung. Eine Bewertung oder Diskussion findet nicht statt. Der Mediator oder die Mediatorin kann diese Methode in der Phase des Lösungsentwurfs anwenden, um zu verhindern, dass durch Diskussion mögliche Ideen vergessen oder nicht ausgesprochen werden. Die Ideen der Konfliktparteien werden schriftlich festgehalten, um im weiteren Verlauf auf Entwürfe eingehen zu können.

Vereinbarung

Im Anschluss an den Entwurf der Lösung folgt die Übereinkunft. Hier sollte bedacht werden, dass kein Kompromiss, sondern ein Konsens zwischen den Interessen der Beteiligten gefunden werden soll, der eventuell Elemente berücksichtigt, die im Vorfeld gar nicht bedacht wurden. Mediation bedeutet nicht, die Nachteile für beide Parteien anzugleichen, sondern möglichst viele Vorteile zu erarbeiten. Um dies zu verdeutlichen, ein Beispiel:

»*Das Orangen-Beispiel*

Zwei Schwestern streiten sich über eine Orange, die sie beide haben wollen. Schließlich kommen sie überein, die Frucht zu halbieren. Die eine nimmt nun ihre Hälfte, isst das Fruchtfleisch und wirft die Schale weg. Die andere wirft stattdessen das Innere weg und benutzt die Schale, weil sie damit einen Kuchen backen will.« (Besemer 1993, S. 25)

Die Orange zu teilen bedeutete, die Nachteile von beiden anzugleichen. Keiner bekommt alles, aber beide einen Teil dessen, was ihr Interesse war – ein Kompromiss. Hätten die Schwestern deutlich gemacht, was ihre Interessen sind, dann hätten sie die Vorteile optimieren können. Die eine hätte das Fruchtfleisch, die andere die Schale erhalten. Die Interessen beider wären befriedigt worden.

Jugendliche können ebenso wie die Schwestern aus dem genannten Beispiel dazu neigen, ohne ausreichende Prüfung zu schnell auf eine Lösung zusteuern zu wollen. Vor allem, wenn sie sich nach einem langen Konfliktgespräch endlich verständigt haben. Dann ist es Aufgabe der Mediatoren/innen, durch bestimmte Fragen darauf zu drängen, das Ergebnis zu prüfen.

- Wurden die anderen Lösungsmöglichkeiten ausreichend geprüft?
- Welche Konsequenzen ergeben sich aus dem Lösungsvorschlag?
- Ist das gefundene Ergebnis auch wirklich eine Lösung für den Konflikt?

Durch diese Fragen werden die Jugendlichen daran gehindert, Scheinlösungen zu produzieren, die nach kurzer Zeit nicht mehr umgesetzt werden oder den Konflikt nicht ausreichend lösen.

Ist die Mediation erfolgreich beendet, sollte zum Abschluss ein Zeichen gesetzt werden. Sowohl vom Mediator oder der Mediatorin, die sich bedanken, dass beide Konfliktparteien sich darauf eingelassen haben, und ihnen mit diesem Lob ein positives Feedback für ihr konstruktives Konfliktlösungsverhalten geben. Auch die Jugendlichen brauchen für die Beendigung der Mediation ein Signal.

Der normale Abschluss – das Unterzeichnen eines Vertrages, in dem sehr detailliert ausgearbeitet ist, wie die beiden Parteien sich zukünftig zu verhalten haben – erscheint uns aus folgenden Gründen wenig sinnvoll: (1) die Ausarbeitung einer Übereinkunft darf nicht mehr Zeit in Anspruch nehmen als die Mediation selber, (2) nicht immer haben die Jugendlichen dieselbe Muttersprache, (3) ein Vertrag hat im Jugendalter nicht die bindende Funktion wie bei Erwachsenen. Die jugendbezogene Mediationsliteratur schlägt verschiedene Formulare vor, in denen die Jugendlichen ihre Zielvorstellung in kurzen Sätzen eintragen können (vgl. Hagedorn 1995 und Mickley 1995). Eine andere Möglichkeit ist der Gesprächsabschluss per Handschlag. Dieser Handschlag hat für Jugendliche eine bindendere Funktion als für Erwachsene. Er symbolisiert eine Einigung, die nicht gebrochen werden darf. Auf einem Polaroidfoto kann dieser Handschlag als Beweis der Einigung festgehalten und den Konfliktparteien als Erinnerung mitgegeben werden. Diese Variante ist besonders bei Konfliktparteien unterschiedlicher Herkunftsländer und unterschiedlicher Sprache erfolgreich, denen ein schriftlicher Vertrag nur wenig bedeutet.

Umsetzungsphase

Die Umsetzungsphase gliedert sich in zwei Teile. Zum einen die konkrete Umsetzung der Lösung durch die Konfliktparteien, die direkt im Anschluss an die Mediation beginnt. In dieser Phase sind Pädagogen/innen in der Jugendarbeit wesentlich mehr beteiligt, als dies das Konzept der Mediation vorsieht. Sie sind keine Experten/innen von außen, die die Konfliktparteien nur innerhalb der Mediation erleben, sondern sie sind letztendlich von dem Ergebnis ebenso betroffen, weil sie weiterhin täglich mit den Konfliktparteien arbeiten.

Zum Zweiten ist es Inhalt dieser Phase, die Umsetzung der Lösung auszuwerten. In der Jugendarbeit kann dies zumeist im alltäglichen Ablauf erfolgen, ohne erneute Gespräche zu vereinbaren. Die Frage, ob die Lösung gemäß den ursprünglichen Vorstellungen verläuft, ergibt sich oft schon aus der Beobachtung der Jugendlichen. Eine Nachfrage kann trotzdem sinnvoll sein. Ist dies nicht der Fall, kann ein neues Gespräch initiiert werden, in dem erörtert wird, woran die Umsetzung der Lösung scheiterte und wie sich eine neue Übereinkunft gestalten ließe.

3.8 Anleitung zum Mediationstraining in Kleingruppen

Das im Folgenden dargestellte Training gibt Pädagogen/innen die Möglichkeit, Mediation zur Verhinderung von Gewalt in der Arbeit mit Jugendlichen einzusetzen. Es versteht sich aber in keinem Fall als Ersatz für eine umfassende Mediationsausbildung. Für die Jugendarbeit ist es sinnvoll, Mitarbeiter/innen mit der Vermittlung von Konfliktsituationen zu betrauen, die den Konfliktparteien bekannt sind. Hier müssen nach unserer Ansicht zugunsten der Anwendbarkeit der Methode Abstriche in der Professionalität der methodischen Umsetzung gemacht werden. Viele Mediationsausbildungen vermitteln eine sehr gute Grundlage der Methode und geben Sicherheit in der Gestaltung des Mediationsprozesses. Kaum eine Ausbildung jedoch bereitet Kollegen/innen auf jugendliches Klientel vor, das sich noch dazu nicht freiwillig zu den Mediatoren/innen begibt.

Die folgende Trainingsanleitung gliedert sich in drei Stufen. Im ersten Teil wird eine Auseinandersetzung mit dem Konfliktverhalten der Pädagogen/innen sowie der Institutionen angeregt, um so die Basis für die Beschäftigung mit einer neuen Form der Konfliktregelung zu schaffen. Der zweite Teil gibt eine Einführung in ausgewählte Techniken der Gesprächsführung. Der dritte und umfassendste Teil gibt Ihnen die Möglichkeit, sich in Form von Rollenspielen und deren Auswertung mit der Methode Mediation vertraut zu machen. Dieses eigentliche Training der Mediation wird mehrere Monate in Anspruch nehmen, bevor Sie sich sicher genug fühlen werden, Mediation innerhalb Ihrer pädagogischen Tätigkeit anzuwenden. Gehen Sie mit Geduld an die Übungen heran und geben Sie sich die Zeit, alte Muster der Gesprächsführung zu erkennen und neue zu erlernen.

3.8.1 Der Umgang mit Konflikten

Die Art und Weise, wie Teams und Kollegien mit Konflikten umgehen, als Einzelne sowie als Gruppe, hat unmittelbar Einfluss auf das Konfliktverhalten der Jugendlichen. Daher ist es an dieser Stelle sinnvoll, den Umgang mit Konflikten zu thematisieren. Durch Übungen und Diskussionsanregungen werden Sie in die Thematik eingeführt.

Übung Nr. 11: *Die 3 Konfliktkreise*
Zeit: 15 bis 30 Min., je nach Gruppengröße
Material: Pro Teilnehmer/in eine rote, eine blaue und eine grüne Karteikarte sowie dicke Stifte

Sie erhalten mit dieser Übung einen Einblick in die unterschiedlichen Formen des Umgangs mit Konflikten und erkennen Ihre persönliche Überlebensstrategie als Jugendliche/r in Konfliktsituationen.

Versetzen Sie sich in Ihrer Vorstellung in das Alter zwischen 11 und 13 Jahren. Erinnern Sie sich, wo Sie damals wohnten, welche Schule Sie besuchten, wer Ihre Klassenkameraden/innen waren. Erinnern Sie sich an einen Streit, den Sie in dieser Zeit mit einem Freund, einer Freundin, jemandem aus Ihrer Klasse/Schule oder Geschwistern hatten. Bitte wählen Sie einen Konflikt mit Gleichaltrigen, nicht mit Erwachsenen aus.

• Schreiben Sie auf die blaue Karte die Antwort auf die Frage:

Was habe ich gemacht?

Beantworten Sie diese Frage nur mit einem Wort (z.B.: geredet, gehauen, weggelaufen, geschrien). Schreiben Sie nicht den Konflikt auf die Karte. Die Konfliktgeschichte müssen Sie nicht veröffentlichen.
    Legen Sie alle Karten der Teilnehmer/innen in einen Kreis, sodass die Wörter von außen lesbar sind.

• Schreiben Sie auf die rote Karte die Antwort auf die Frage:

Wie habe ich mich gefühlt?

Legen Sie alle Karten in einen zweiten Kreis neben dem der blauen Karten.

● Schreiben Sie auf die letzte Karte die Antwort auf die Frage:

Was hätte ich danach gebraucht?

Bilden Sie mit diesen Karten den dritten Kreis und werten Sie die drei Kreise wie folgt aus:

1) Was habe ich gemacht?
   ● Sind bestimmte Muster zu erkennen?
   ● Gibt es Karten, die vermehrt auftauchen?
   ● Lassen sich die Karten nach den vier Strategien der Konfliktregelung aufteilen (Vermeidung und Rückzug, Kampf, Kompromiss, Kooperation)?
   ● Treten Karten auf, die dem Konfliktverhalten von Jugendlichen gleichen, die Sie betreuen?

2) Wie habe ich mich gefühlt?
   ● Treten vermehrt positive oder vermehrt negative Gefühle auf?
   ● Woraus resultieren die negativen Gefühle?
   ● Sind die Emotionen im Konflikt eventuell von der Position der Konfliktpartei abhängig?
   ● Äußern Jugendliche Gefühle in und nach Konflikten?

3) Was hätte ich danach gebraucht?
   ● Erkennen Sie bestimmte Kategorien von Bedürfnissen?
   ● Was brauchen Jugendliche in und nach Konfliktsituationen?
   ● Realisieren Sie dies in Ihrem pädagogischen Alltag?

Auswertung der Übung Nr. 11: Die 3 Konfliktkreise

Jeder Mensch entwickelt im Laufe des Älterwerdens seine persönliche Strategie, mit Konflikten umzugehen. Je erfolgreicher jemand mit einem bestimmten Verhalten ist, desto eher wird sich die Auftretenswahrscheinlichkeit erhöhen. Dieser simple Mechanismus der

Lerntheorie ist bekannt. Je älter ich werde, desto eingeprägter sind meine Strategien.

1) Was habe ich gemacht?

Mit Sicherheit finden sich auch in Ihrem Kreis Karten, die dem Verhalten Ihrer Zielgruppe ähneln oder sogar gleichen. Die konstruktiven Formen des Umgangs mit Konflikten werden in der Minderheit sein. Für die meisten unter Ihnen wird gelten: Auch Sie haben im Jugendalter Konflikte so gelöst, wie Sie es heute mit Ihrer pädagogischen Arbeit zu verhindern versuchen!

2) Wie habe ich mich gefühlt?

Die Karten mit den negativen Gefühlsäußerungen sind in der Überzahl. Die meisten Menschen fühlen sich in und nach Konflikten nicht besonders wohl. Distanz und Konfrontation, sich rechtfertigen müssen oder gar Dinge tun, die man nicht tun möchte (sich gegen Gewalt körperlich zu wehren), sind nicht angenehm. Nähe und Harmonie sind für die meisten Menschen einfacher zu ertragen. Die negativen Gefühle resultieren oftmals auch aus negativen Erfahrungen, die Menschen im Umgang mit Konflikten machen.

Für viele erstaunlich ist, dass die Karten mit positiven Gefühlen keinesfalls immer mit denen übereinstimmen, die im ersten Konfliktkreis die Sieger der Konflikte aufzeigen. Der Schläger fühlt sich oftmals ebenso schlecht wie der Geschlagene. Diese Erkenntnis hat Konsequenzen für den Umgang mit Gewalt in der Jugendarbeit. Beide Konfliktparteien tragen negative Empfindungen mit sich. Die Konfliktklärung würde um ein Vielfaches erleichtert, wenn beide dies voneinander wüssten.

Jugendliche äußern in der Regel kaum oder nur beschränkt, wie sie sich in und nach Konflikten fühlen. Vor allem Jungen beschränken sich in ihren Emotionen auf wütend und cool. Gefühle, die mit einer Schwäche gleichgesetzt werden, wie Angst, Verletztheit oder Ohnmacht, werden nicht verbalisiert – oft auch, weil die Worte für diese Gefühle fehlen.

3) Was hätte ich danach gebraucht?

Erfahrungsgemäß findet sich in vielen Karten der Wunsch nach Zuwendung oder Aufmerksamkeit. Viele Jugendliche möchten nach einem Konflikt nicht allein gelassen werden. Unterstützung, Zuhören, Rat von Freunden/innen oder Pädagogen/innen ist ein häufiges Bedürfnis. Überprüfen Sie Ihre Institution, inwieweit Sie diesem Bedürfnis Rechnung tragen können, während der normale Betrieb weiterlaufen muss.

Auch der Wunsch nach Ruhe oder einer Pause wird genannt. Hier ist ein wichtiges Signal für Pädagogen/innen enthalten, mit der Klärung des Konfliktes zu warten, bis die Konfliktparteien dazu auch in der Lage sind. Hat jemand nach einer Gewaltauseinandersetzung das Bedürfnis, sich abzuschotten und so auch zu schützen, kann ein Gespräch, in dem eine Öffnung verlangt wird, nicht gelingen. Hier muss eine Ruhephase respektiert werden.

Übung Nr. 12: *Umgang mit Konflikten in meiner Einrichtung*
Zeit: 45 Min.
Material: Kopie der folgenden Fragen, Wandzeitungspapier, dicke Stifte

Beantworten Sie die folgenden Fragen zuerst für sich allein. Wenn Sie das Training als Team durchführen, gehen Sie die Fragen dann gemeinsam durch und diskutieren Sie differente Punkte. Versuchen Sie, als Abschluss der Diskussion auf Wandzeitungspapier vier Grundregeln im Umgang mit Konflikten aufzustellen, die Sie für sich als wichtig erachten.

Wenn Sie sich für das Training aus mehreren Einrichtungen zusammengefunden haben, stellen Sie sich nach der individuellen Beantwortung der Fragen Ihre Einrichtungen gegenseitig vor. Verfahren Sie dabei ungefähr anhand der Fragestellungen. Diskutieren Sie problematische Bereiche und heben Sie gute Vorschläge und Umgangsweisen heraus. Fassen Sie Letztere zum Abschluss der Diskussion auf Wandzeitungspapier zusammen.

- Welcher Konflikt, den ich in meiner Arbeit erlebt habe, kommt mir heute noch häufig ins Gedächtnis? Wie lange liegt dies zurück?
- Welche Situationen, die sich in meiner Arbeit ereignen, würde ich als Konflikte definieren?
- Wer ist für die Klärung von Konflikten in unserer Einrichtung verantwortlich?
- Lösen wir Konflikte immer auf die gleiche Weise, gibt es Rituale oder entscheiden wir spontan?
- Halten sich die Kollegen/innen an Teamabsprachen bezüglich des Umgangs mit Konflikten oder entscheidet jede/r eigenständig?
- Haben wir einen Regelkatalog, nach dem wir Reaktionen auf Konflikte und Fehlverhalten von Besucher/innen/Bewohner/innen handhaben?
- Wie aktiv sind die Besucher/innen/Bewohner/innen an der Konfliktklärung beteiligt?
- In welchen Situationen fühle ich mich nicht kompetent genug, einen Konflikt in meiner Einrichtung zu regeln?
- In welchen Situationen fühle ich mich in der Konfliktregelung sicher?

Übung Nr. 13:   *Spinnwebanalyse*[1]
Zeit: Je nach Konflikt verschieden
Material: Kopie der Grafik

Mit dieser Übung können Sie auf einfachste Weise einen sehr strukturierten Überblick über ein Konfliktgeschehen erhalten. Erinnern Sie sich an einen Konflikt zwischen Jugendlichen, der sich inner-

1   Faller/Kerntke/Wackmann 1996, S. 47: Faller, Kerntke und Wackmann führen die Spinnwebanalyse im Rahmen ihrer Streitschlichter/innenausbildung für Schüler/innen durch. Nach unserer Erfahrung lässt sich dieses sehr einfache Modell der Konfliktanalyse auch zur Vorbereitung oder innerhalb der Mediation mit Jugendlichen anwenden. Wir haben dem ursprünglichen Modell eine vierte Ebene hinzugefügt, die sich zum Trainieren der Technik des »Spiegelns« als hilfreich erwiesen hat.

halb der letzen vier Wochen ihrer Arbeit zugetragen hat. Analysieren Sie den Konflikt nach folgendem Modell:

Innenkreis:	Wo hat sich der Konflikt zugetragen?
Erste Ebene:	Wer war beteiligt?
Zweite Ebene:	Was haben die Personen getan?
Dritte Ebene:	Was könnte die Motivation oder das Interesse der Parteien gewesen sein?
Vierte Ebene:	Welche Gefühle könnte die Situation bei den Personen ausgelöst haben?

Beachten Sie, dass Sie sich ab der dritten Ebene in den Bereich der Interpretation begeben. Dies kann zur Analyse sehr hilfreich sein, bringt aber Vermutungen und keine Tatsachen hervor. Wenn Sie diese Methode zur Vorbereitung einer Mediation verwenden, müssen Sie innerhalb der Mediation auf eine deutliche Trennung zwischen Ihren Annahmen und den Schilderungen der Konfliktparteien achten. Sie geraten sonst möglicherweise in eine Situation, in der Sie davon ausgehen, dass die Jugendlichen ihre Vermutungen teilen, obwohl diese Punkte noch nicht angesprochen wurden.

3.8.2 Der Umgang mit Emotionen

Eines der wesentlichen Elemente der Mediation ist die Arbeit auf der Ebene der Emotionen. Durch das Erkennen von ausgelösten Gefühlen wird den Jugendlichen das Verstehen der gegnerischen Partei erleichtert. Mediatoren/innen haben die Aufgabe, diese Gefühle, die in der Regel nicht bei der Konfliktschilderung genannt werden, zu benennen. Diese Fähigkeit zur Empathie kann mit einigen Übungen erleichtert werden.

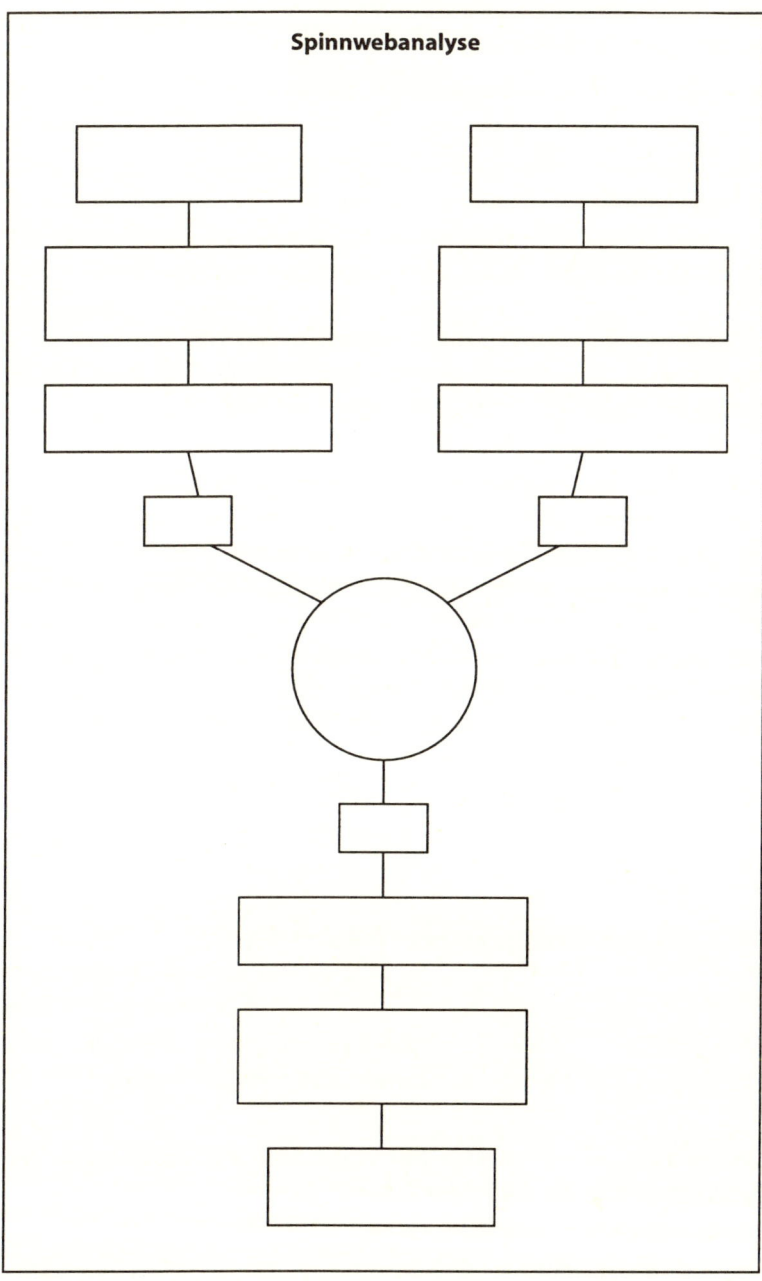

Spinnwebanalyse

Übung Nr. 14:   *Emotionen durch Körpersprache erkennen*
Zeit: 20 Min.
Material: Karteikarten, dicke Stifte

Wir stellen diese Übung hier dar, um die Wahrnehmung von Mediatoren/innen auf die Körpersprache von Konfliktparteien zu lenken. Die Phase der Konflikterhellung kann durch diese Sensibilität in der Beobachtung für die Mediatoren/innen sehr erleichtert werden.

Fertigen Sie je zwei Karten mit folgenden Gefühlswörtern an: einsam, aufgeregt, bedroht, entspannt, wütend, stark, traurig, unbeschwert, ängstlich, empört, überlegen, fröhlich.

Bilden Sie Kartengruppen mit je drei gleichen Paaren. Sechs Personen bilden eine Gruppe und ziehen je eine Karte. Sie haben die Aufgabe, die genannten Gefühle pantomimisch darzustellen. Bewegen Sie sich dazu im Raum. Während der Darstellung haben die sechs Personen zudem die Aufgabe herauszufinden, wer der anderen fünf ihr Partner oder ihre Partnerin sein könnte, wer also dasselbe Gefühl darstellt. Dieser Person ordnen sie sich räumlich zu. Haben sich drei Paare gebildet oder sind mehr als drei Minuten vergangen, werden die Karten veröffentlicht.

Sie können diese Übung beliebig oft wiederholen, sie schult die Wahrnehmung und lockert eine zu ernste Atmosphäre auf.

Übung Nr. 15:   *Konfliktgesichter – Teil 1*
Zeit: Herstellung des Materials ca. 20 Min.; Übung ca.
                   25 Min.
Material: Moderationskarten rund ca. 20 cm Durchmesser,
                   Moderationskarten rechteckig, dicke Stifte

Fertigen Sie auf den runden Moderationskarten Zeichnungen von Gesichtern an, die folgende Gefühle darstellen: verletzt, traurig, neugierig, einsam, fröhlich, ängstlich eifersüchtig, stark, wütend, mitfühlend, abgelehnt.

Halten Sie die Zeichnung möglichst einfach und fügen Sie jedem gezeichneten Gefühl eine rechteckige Karte mit dem dazugehörigen geschriebenen Gefühl hinzu.

Beispiel:

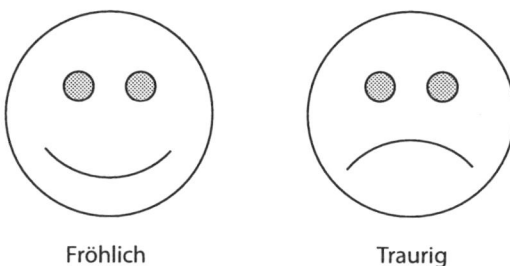

Fröhlich   Traurig

Verteilen Sie die Gesichter zuzüglich der erklärenden Worte im Raum und wählen Sie eine Spielleitung. Die Spielleitung liest aus der folgenden Liste immer einen Konflikt vor und wählt Personen, die die genannten Konfliktparteien darstellen sollen.

Die Konfliktparteien suchen sich die Karte aus, die am ehesten dem Gefühl entspricht, das sie empfinden, und stellen sich bei dieser Karte auf. Führen Sie dies mit 2 Konflikten durch. Bitten Sie bei den folgenden Konflikten die Darsteller/innen, sich zu überlegen wo sie sich positionieren würden, ohne dies zu offenbaren. Fragen Sie die Beobachter/innen, wie sie sich entscheiden würden. Erst dann stellen die Darsteller/innen sich auf.

- Bei einer Kinoveranstaltung, in die Sie mit einer Gruppe von Jugendlichen gehen, hatten diese Ihnen zugesagt, sich korrekt zu verhalten. Im Kino unterhalten sie sich so laut, dass andere Besucher sich gestört fühlen.
- Sie fahren im Kaufhaus mit einem Aufzug. Eine Frau tritt Ihnen mit ihren Stöckelschuhen auf ihre neuen Schuhe.
- Gabi hat Nalina bei der Klassenarbeit nicht abschreiben lassen. Nalina hat eine schlechte Note bekommen.
- Eine Freundin hat Ihr letztes Geburtstagsgeschenk nach einer Woche an einen gemeinsamen Bekannten weiterverschenkt.

- Sie werden Zeuge, wie ein Busfahrer einen Schwarzafrikaner angreift, der kein passendes Kleingeld für den Fahrschein hat: »Dann geh doch zurück in den Urwald!«
- Sie fahren mit dem Rad. Der Radweg ist durch ein parkendes Auto versperrt. Der Fahrer sitzt bei offenem Fenster im Wagen.
- Sie lieben klassische Musik, Ihr Kind hört lieber Techno. Sie haben nur einen CD-Player.
- Tina möchte in der Pause mit einer Gruppe Jungen Fußball spielen, aber die Jungen wollen sie nicht mitspielen lassen, weil sie ein Mädchen ist.

Auswertung der Übung Nr. 15: Konfliktgesichter

Sie werden festgestellt haben, dass Darsteller/innen und Beobachter/innen über die Gefühle, die die Konfliktgeschichte auslösen könnte, nicht immer einer Meinung waren. Selbst die Darsteller/innen werden zum Teil Schwierigkeiten gehabt haben, sich für nur eine Karte zu entscheiden.

Nehmen Sie aus diesem einleitenden Spiel die Erkenntnis mit, dass der Ursache-Wirkungs-Zusammenhang im emotionalen Bereich nie schematisch verläuft. Menschen empfinden Situationen unterschiedlich und identische Abläufe können differente Gefühle auslösen. Seien Sie sich nie zu sicher aufgrund der Konfliktschilderung der Jugendlichen genau zu wissen, wie diese sich fühlen.

Übung Nr. 16: *Gefühlswörterbuch erstellen*
Zeit: 30 Min.
Material: Karteikarten, dicke Stifte

Um in der Mediationssituation aus einem breiten Repertoire von Gefühlswörtern schöpfen zu können, ist es sinnvoll, sich ein »Gefühlswörterbuch« anzufertigen. Schreiben Sie auf Karteikarten die Ihnen am schnellsten in den Sinn kommenden Wörter für das Grundspektrum an Gefühlen. Auf jede Karte ein Wort. Verteilen Sie diese Karten gut sichtbar auf dem Boden. Schreiben Sie zu jedem der Gefühle andere Bezeichnungen auf, die diese Emotion Ihrer Meinung nach ebenso ausdrücken, und platzieren Sie diese um die Ursprungswörter herum. So entsteht in kurzer Zeit ein großer Wortschatz, der Ihnen das »Spiegeln« erleichtern kann. Es ist sinnvoll, die Ergebnisse zu protokollieren und sie jedem/r Teilnehmer/in zugänglich zu machen.

3.8.3 Aktiv zuhören lernen

Verschiedene Schritte sind notwendig, um die Technik des »*Spiegelns*« und somit das *Aktive Zuhören* zu erlernen. Der Sinn des *Aktiven Zuhörens* besteht darin, der erzählenden Person das Gefühl zu vermitteln, dass sie mit ihren Schilderungen, Interessen und Gefühlen im Mittelpunkt steht. Die zuhörende Person erreicht dies, indem sie sich vollständig auf das Erzählte konzentriert und während des Gespräches eine Rückmeldung dessen, was sie verstanden hat, an die erzählende Person zurückgibt. Um diese Technik, das Wiedergeben von Sachinformationen und emotionalen Gesprächsinhalten, umzusetzen, ist es notwendig, den normalen Gesprächsstil, in dem die zuhörende Person Nachfragen stellt, die sich an ihrem eigenen Interesse orientieren, zu überwinden. Die folgenden Übungen werden Sie schrittweise dazu anleiten.

Übung Nr. 17:   *Kontrollierter Dialog*
Zeit: 15 Min.
Material: Keines

In Dreiergruppen wird zu folgenden Themen diskutiert:

• Wiedereinführung von Schuluniformen,
• Verbot des Individualverkehrs in der Innenstadt,
• Rauchen auf der Teamsitzung.

Die Diskussion erfolgt im PRO- und KONTRA-Stil. Jeweils eine Person (A) vertritt die PRO-Meinung, eine (B) die KONTRA-Meinung und die dritte Person (C) kontrolliert die Einhaltung der im Folgenden dargestellten Regeln. Die Rollen wechseln zu den drei verschiedenen Themen, sodass jede/r einmal jede Rolle vertreten muss. Ihre tatsächlichen Überzeugungen zu diesen Themen spielen keine Rolle.

Folgender Gesprächsablauf ist einzuhalten:

- Die Person A beginnt mit der Darstellung einiger Argumente der PRO-Meinung.
- Die Person B wiederholt die genannten Argumente von Person A mit eigenen Worten.
- A stimmt zu oder korrigiert.
- Erst jetzt kann B ihre KONTRA-Meinung vertreten.
- A wiederholt die dargestellten Argumente von B.
- B stimmt zu oder korrigiert.
- A entgegnet mit weiteren PRO-Argumenten.
- ...

Nach ca. 3 Minuten wird der Dialog beendet und C gibt die Rückmeldung über die Einhaltung des Ablaufes. Anschließend wird das Thema gewechselt.

Durch diese Übung gelingt es, die Konzentration während des Gespräches auf die Argumente des/der Gesprächspartner/in zu lenken. Sie werden zum Zuhören gezwungen, da Sie die Argumente wiederholen müssen. Der übliche Gesprächsstil in solchen Dialogen würde sich auf einen Austausch der Argumente beschränken, ohne das die jeweilige Gegenseite die Argumente der anderen wahrnimmt. Ein solcher »Kontrollierter Dialog« stellt eine Vorstufe des »Spiegelns« dar, das in der folgenden Übung angewendet werden soll.

Übung Nr. 18:   *»Spiegeln« von Emotionen*
Zeit: 30 Min.
Material: Keines

Im Folgenden sollen nicht nur die Sachebene wiedergeben werden, sondern vor allem die emotionalen Beweggründe und Zustände einer erzählenden Person. Um die Übung zu erleichtern, fangen Sie damit an, sich gegenseitig ein Urlaubserlebnis zu erzählen, das Ihnen im Gedächtnis geblieben ist. Ob es eine schöne, spannende, traurige oder ärgerliche Geschichte ist, bleibt Ihnen überlassen. Sie sollten dies jedoch im Vorfeld nicht veröffentlichen.

- Die Person A beginnt mit der Erzählung.
- Person B wiederholt in eigenen Worten die Schilderung – so weit nötig – und spiegelt besonders die emotionalen Inhalte von A.
- A stimmt zu oder korrigiert.
- A setzt die Schilderung des Urlaubserlebnisses fort.
- B spiegelt die emotionalen Inhalte.
- A stimmt zu oder korrigiert.
- ...

Wann B einsetzt, um zu »spiegeln«, muss die jeweilige Person selber entscheiden. Dies kann während der Erzählung geschehen, wenn Sie z.b. dem Inhalt kaum noch folgen können, oder aber zum Ende der Schilderung.
Die Spiegelung kann mit folgenden Sätzen eingeleitet werden:

- Ich möchte sicher gehen, dass ich dich richtig verstanden habe. du ...
- Im Grunde sagst du ...
- Ich möchte versuchen, in meinen eigenen Worten zu wiederholen, was du erzählt hast, bevor ich dir antworte.

Das »Spiegeln« von kurzen Inhalten oder einzelnen Gefühlen erfolgt oftmals ohne Einleitung, als einzelner Satz:

- Du fühlst dich verletzt in der Situation?
- Du warst wütend, als ...?
- Es hat dich traurig gemacht, als du bemerkt hast, dass ...?

Die dritte Person C hat die Aufgabe:

- zu kontrollieren, ob sich B auf das »Spiegeln« beschränkt oder ob gezielte Nachfragen gestellt werden, die die Schilderung von A eventuell lenken;

- darauf zu achten, wie A auf die Spiegelung der eigenen Emotionen reagiert. Redet die Person angeregt weiter? Stoppt sie und wirkt unterbrochen? Nimmt sie die Spiegelung nicht zur Kenntnis?

Nach jedem Dialog machen Sie bitte eine kurze Auswertung für die spiegelnde Person, um Feedback zu geben. Jede/r sollte einmal die Rolle der erzählenden, spiegelnden und beobachtenden Person übernommen haben.

Übung Nr. 19:   *»Spiegeln« von Emotionen in Konflikten*
Zeit: 45 Min.
Material: Keines

Bei der dritten Übung sollen Konfliktsituationen gespiegelt werden, die sich bei Ihnen ereignet haben. Verfahren Sie dabei bitte genau so, wie bei der Spiegelung der Urlaubserlebnisse.

Bitte denken Sie an die letzten 4 Arbeitswochen zurück und versuchen Sie, sich an eine Konfliktsituation aus Ihrem Arbeitsumfeld zu erinnern, an der Sie beteiligt waren. Bedenken Sie vorher, ob Sie den Konflikt veröffentlichen können und wollen.

Übung Nr. 20:   *Konfliktgesichter – Teil 2*
Zeit: Übung ca. 25 Min.
Material: Wie Übung Nr.: 15

Verfahren Sie bei dieser Übung ebenso wir bei Übung Nr.: 15. Die Darsteller/innen suchen sich die für sie passende Karte aus, behalten dies jedoch für sich. Die Beobachter/innen haben die Aufgabe durch »Spiegeln« die Emotionen der Darsteller/innen öffentlich zu machen. Durch diese Übung sollen Formulierungen während des »Spiegelns« von Gefühlen trainiert werden. Beschränken Sie sich also darauf, den Darsteller/innen die vermuteten Emotionen als Frage entgegenzuhalten:

– Du fühlst dich verletzt in der Situation?
– Du warst wütend, als ...?
– Es hat dich traurig gemach, als du bemerkt hast, dass ...?

Verwenden Sie die im Folgenden geschilderten Konfliktgeschichten:

1) Lisa, Heike und Susanne sind in einer Klasse. Sie sind gute Freundinnen. Susanne hat zum Geburtstag ein neues Rad bekommen. Sie will niemanden mit dem Rad fahren lassen. Am Mittwoch wollten alle drei zusammen zum Reiten gehen. Lisa und Heike sagen bei Susanne ab. Susanne sagt, dass sie dann auch nicht zum Reiten geht. Am nächsten Tag kommt Susanne in die Klasse und hört, wie sich Lisa und Heike über den Ausritt von gestern unterhalten. Die beiden bemerken, dass Susanne sie gehört hat.

2) Kazim und Manuel sind in einer Klasse und beide sehr fußballinteressiert. Kazim ist der größte in seiner Klasse, Manuel ist eher klein für sein Alter. Kazim hat zum Geburtstag einen neuen Lederfußball bekommen, den er auch mit in die Schule bringt. In einer Freistunde lässt Kazim den Ball an seinem Platz liegen und Manuel holt ihn sich, ohne zu fragen. Nach der Stunde ist der Ball weg. Kazim erfährt von Karl, dass Manuel den Ball hatte. Kazim wartet in der Klasse und Manuel kommt ohne Ball zur nächsten Stunde.

3) Albert und Harald sind befreundet und gehen in die siebte Klasse. Sie sitzen auch im Unterricht nebeneinander. Albert hat Harald versprochen, dass sie zusammen für die Mathearbeit üben, denn mit Mathe hat Harald große Schwierigkeiten. Am Nachmittag, als sie sich verabredet hatten, kommt Albert nicht und ruft auch nicht an. Harald versucht, alleine zu lernen, versteht aber vieles nicht. Von Carsten erfährt Harald, dass Albert mit ihm den ganzen Nachmittag im Kaufhaus war und Computerspiele gespielt hat.

4) Fortsetzung: am Morgen der Arbeit kommt Harald in die Klasse und rennt auf Albert zu. Er beschimpft ihn mit zahlreichen Ausdrücken und es bahnt sich eine körperliche Auseinandersetzung zwischen beiden an.

5) Frau Nimrod ist die Leiterin einer Jugendeinrichtung. In unmittelbarer Nachbarschaft der Einrichtung befindet sich ein Wohnhaus mit mehreren Mietparteien. Oftmals kommt es zu Konflikten mit den Mietern, da die Jugendlichen am Abend sehr laut sind. Herr Richter wohnt seit vier Wochen mit seiner Frau und einem zwei Monate alten Säugling in diesem Haus. Als er die Jugendlichen eines Abends aus seinem Fenster um Ruhe bittet, beschimpfen sie ihn sehr übel und werfen Bierflaschen an sein Fenster. Er ruft bei Frau Nimrod an und beschwert sich.

3.8.4 Durchführung und Auswertung von Rollenspielen

Ziel der folgenden Rollenspiele ist es, Mediation zu trainieren und Sicherheit im Ablauf der Methode zu erhalten. Erfahrungsgemäß neigen Pädagogen und Pädagoginnen in der gegenseitigen Bewertung dazu, sehr schnell Kritik zu üben und Fehler zu diskutieren. Wir halten es für besser, bestehende Ressourcen und Potenziale zu erkennen und den Spielenden deutlich zu machen, denn gerade zu Beginn ist es von Bedeutung, mit Mut aus dem Rollenspiel zu gehen, auch wenn Sie anfänglich Vieles falsch machen. Fast jede/r bringt in die Vermittlung eine Eigenschaft oder ein Verhalten ein, die er oder sie in diesem Prozess aktiv nutzen kann. Diese Eigenschaft von sich zu kennen verleiht Sicherheit und gibt Mut, sich auf weiteres Training einzulassen. Gerade in schwierigen Prozessmomenten, die zu Beginn häufig auftreten werden, ist diese Sicherheit notwendig, um nicht zu schnell aufzugeben. Die Selbstkritik der Trainierenden kommt erfahrungsgemäß früh genug.

Beachten Sie vor Beginn der Rollenspiele die grundsätzlichen Trainingsanweisungen zu deren Durchführung und Auswertung.

Bereiten Sie den Raum vor dem Rollenspiel so vor, dass die drei Spielenden (Konfliktparteien und Mediator/in) den Kreis der Beobachter/innen immer im Blick haben und niemand hinter ihnen sitzt. Grundsätzlich gilt im Rollenspiel die Regel: *Der/die*

Mediator/in ist die Hauptperson und kann den Ablauf steuern. Diese Person kann jederzeit Fragen an den Außenkreis der Beobachter/innen stellen und das Rollenspiel stoppen. Die Beobachter/innen ihrerseits müssen bis zur Auswertung kommentarlos zusehen.

Diejenigen, die die Rolle des/der Mediators/in spielen, können die Checkliste für Mediator/innen (S. 140ff.) nutzen, um in schwierigen Prozessmomenten Hilfestellung für mögliche Formulierungen zu haben.

Regeln der Auswertung

Zu Beginn der Auswertung des Rollenspiels sollten zuerst die Spielenden die Möglichkeit haben, sich zu äußern und ihre Anspannung mitzuteilen. Daher gehen die ersten Fragen der Spielleitung immer an den Innenkreis.

Fragen an den/die Mediator/in:

- Wie geht es dem/der Mediator/in jetzt?
- Wie ging es ihm/ihr im Rollenspiel?
- Was wurde als schwierig/einfach empfunden?
- Hat er/sie sich als neutral empfunden oder tendierte er/sie innerlich zu einer der Konfliktparteien?

Fragen an die Konfliktparteien:

- Konnten sie das, was sie bewegte einbringen?
- War der/die Mediator/in neutral?
- Wie empfanden sie die Gesprächsführung der vermittelnden Person?
- Gab es in der Auseinandersetzung einen Gewinner oder Verlierer?

Erst nach diesem Gespräch ist es sinnvoll, den Beobachter/innen die Möglichkeit des Feedbacks zu geben. Hierzu sollten im Voraus gesonderte Beobachtungsbereiche zugeteilt werden. So wird verhindert, dass alle Zuschauer/innen sich auf einen Punkt konzentrieren und andere wesentliche Bereiche verloren gehen. Beginnen Sie die Auswertung im Außenkreis mit folgenden Fragen:

- Was ist positiv aufgefallen?
- Wo liegen die Stärken der/der Mediators/in?

Abschluss der Auswertung durch die Spielleitung

Die Spielleitung hat auch zum Ende der Mediationsrollenspiele die Aufgabe, eine kurze Zusammenfassung des Feedbacks für die/den Spielende/n zu geben. Folgende Punkte sollten enthalten sein:

- Hervorheben der individuellen Stärken des/der Spielenden
- Zusammenfassen der Kritik
- Deutlich machen, an welchen Punkten noch gearbeitet werden sollte

Auswertungskriterien

Bewerten Sie das Rollenspiel dann anhand der im Folgenden dargestellten Beobachtungskriterien:

1. *Phasen der Mediation: Einleitung und Schluss*

Einleitung:
- Sitzordnung, offene Atmosphäre
- Akzeptanz des/der Mediators/in, Rollentransparenz des/der Mediators/in
- Wertschätzung gegenüber den Konfliktparteien
- Ziel des Gespräches
- Regeln (keine Gewalt, keine Beleidigungen, ausreden lassen, Mediator/in gibt keine Lösung vor)

Schluss:
- Angebot zu weiteren Gesprächen
- Art des Abschlusses

2. *Phasen der Mediation: Konfliktdarstellung, Konflikterhellung, Konfliktlösung*

- Werden diese Phasen eingehalten?
- Differenzierung zwischen aktuellem und Hintergrundkonflikt?
- Sind die Gefühle, Interessen und Bedürfnisse der beiden Konfliktparteien während der Konflikterhellung berücksichtigt worden?
- Wie wird die Lösungsphase angeregt?
- Sind beide Seiten mit der Lösung wirklich zufrieden?

3. *Grundhaltung des/der Mediators/in*

- Neutralität gegenüber den Konfliktparteien und dem Konfliktinhalt
- Hat der/die Mediator/in einen eigenen Lösungsvorschlag?
- Offeriert der/die Mediator/in einen Lösungsvorschlag?
- Bestimmt der/die Mediator/in den Gesprächsrahmen oder auch die Gesprächsinhalte?

4. *Machtverteilung während der Mediationssitzung*

- Wie ist die Machtverteilung zwischen den Konfliktparteien?
- Reagiert der/die Mediator/in auf eine mögliche ungleiche Machtverteilung?

5. *Körpersprache der Konfliktparteien*

- Welche Botschaften (Einstellungen) zeigt die Körpersprache?
- Ändert sich die Körpersprache während der Mediationssitzung?
- Hat die Körpersprache Auswirkungen auf die Mediation?

6. *Körpersprache des/der Mediators/in*

- Welche Einstellung zeigt die Körpersprache?
- Ist die Körpersprache neutral?
- Ändert sich die Körpersprache während der Mediation?

7. *Kommunikationsmuster*

- Welche Kommunikationsmuster sind während der Mediation zu beobachten?
  - Kommunikation vom Mediator/in zu den Konfliktparteien
  - Kommunikation von den Konfliktparteien zum/zur Mediator/in
  - Kommunikation zwischen den Konfliktparteien
  - Kommunikation von einer Konfliktpartei zur anderen ohne direkte Rückmeldung
- Inwieweit beeinflusst der/die Mediator/in die Kommunikationsmuster?

8. *Positive Gesprächstechniken*

- Positive Wertschätzung
- »Spiegeln«/Aktiv Zuhören
- Zusammenfassen
- Rollentausch der Konfliktparteien
- Zu Ich-Botschaften anregen

9. *Negative Gesprächstechniken*

- Bewerten
- Bagatellisieren
- Ausfragen
- Ratschläge geben

10. *Chancen während der Mediation*

- Gab es während der Mediation eine oder mehrere Chancen zur positiven Veränderung der Mediationssitzung?

Checkliste für Mediatoren/innen

Einleitung
- Kurz halten
- Sich vorstellen
- Die Rolle aller Beteiligten verdeutlichen und Akzeptanz der eigenen Person erfragen
- Regeln abklären
- Eigene Vertraulichkeit zusichern
- Klären, wer anfängt (Münze?)

Darstellung
- Jede/r stellt das Problem aus der eigenen Sicht dar.
- Mediator/in hört aktiv und interessiert zu (vergewissert sich durch Wiederholen, dass sie alles richtig verstanden hat).
- Formuliert um *(statt: Otto, du bist von Werner genervt/Werner, du hast dich gestört gefühlt durch Ottos Verhalten.)*.
- »Spiegelt« Gefühle konkret
- Achtet darauf, das jede/r aussprechen kann und jede/r die gleichen Darstellungsmöglichkeiten erhält.
- Unterbricht, wenn jemand dazwischenredet oder zu lange spricht (Kannst du bitte noch einen Moment warten? Du bist gleich dran./Wir hatten die Regel vereinbart, dass ihr euch ausreden lasst.).
- Fasst am Ende beide Positionen, die Gemeinsamkeiten und die Unterschiede zusammen.

Konflikterhellung
- Hintergrund des Konfliktes herausarbeiten (die Geschichte des Konfliktes und die Motive der Konfliktparteien)
- Gefühle jetzt und in der Konfliktsituation ansprechen *(Warst du wütend?/Bist du enttäuscht über Danis Verhalten?/Wie hast du dich in der Situation gefühlt?)*
- Interessen und Bedürfnisse der Parteien herausfinden *(Weshalb hast du dich so verhalten?/Was wolltest du damit erreichen?)*
- Nach Wünschen fragen *(Was hättest du damals gebraucht?/Was brauchst du jetzt/Was wünscht du dir von Christine?)*

- Fasst die Gefühle, Bedürfnisse und Interessen beider Konfliktparteien zusammen

Lösungssuche
- Ideensammlung anregen (Wie wollt ihr in Zukunft mit solchen Konflikten umgehen?/Was erwartet ihr voneinander?/Was soll Michaela machen, damit der Konflikt für dich geklärt ist?)
- Darauf achten, dass von beiden Seiten Vorschläge genannt werden
- Diskussion und Bewertung der Vorschläge
- Nach Konsens suchen
- Lösung muss fair und umsetzbar sein, Interessen und Bedürfnisse beider Konfliktparteien müssen in der Lösung präsent sein

Vereinbarung
- Genau formulieren (schriftlich oder mündlich), um Interpretationen und Missverständnisse zu vermeiden
- Von den Beteiligten bestätigen oder unterschreiben lassen
- Symbolischer Abschluss (Handschlag, Foto etc.)
- Weitere Vermittlungsbereitschaft signalisieren

Umgang mit Störungen
Bei Störungen wie Regelverstößen, ständigen Wiederholungen der Positionen oder Vorwürfen an die andere Partei, Schweigen einer Konfliktpartei oder fehlenden Ideen für Lösungen können folgende Fragestellungen für die Mediation hilfreich sein:

- Wollen die Konfliktparteien das Klärungsgespräch überhaupt? Brauchen sie eine Pause?
- Habe ich die Neutralität als Vermittler/in verletzt? Bin ich in dieser Rolle akzeptiert? Ist den Konfliktparteien meine Rolle und das Ziel des Gespräches auch wirklich bewusst?
- Besteht ein zu starkes Machtungleichgewicht zwischen den Konfliktparteien?
- Bin ich zu früh in der Lösungsphase? Ist der Konflikt in seiner Interessen- und Bedürfnisebene beiden Konfliktparteien wirklich bewusst?

- Haben die Konfliktparteien den Überblick verloren? Kann eine Zusammenfassung durch meine Person jetzt hilfreich sein?
- Fühlen sich die Konfliktparteien mit ihrer Sichtweise verstanden? Bedarf es einer Spiegelung oder eines Rollentausches?

Rollenspiele mit Videokamera

Eine der intensivsten Formen der Rollenspielauswertung ist die Videoaufzeichnung mit anschließender Analyse der Spielsituation. So wird es den Spielenden ermöglicht, sich selber in der neuen Rolle wahrzunehmen und das eigene Verhalten auszuwerten.

Eine vertraute Arbeitsatmosphäre ist Voraussetzung für diese Videoanalyse in der Lerngruppe. Sollten Sie diese Methode für sich als sinnvoll begreifen, dann verstehen sie die Feedbackregeln als »goldenes Gesetz«. Die Spielleitung hat hier die Aufgabe, im Besonderen auf deren Einhaltung zu achten.

Sie können die Rollenspiele aber auch auf Video aufzeichnen und zur Nachbereitung den Spielenden mitgeben. Diese können sich dann ohne Zuschauer damit vertraut machen, mit den eigenen Fehlern konfrontiert zu werden.

3.8.5 Fallbeispiele für Mediationsrollenspiele

Die hier dargestellten Beispielkonflikte sind im Schwierigkeitsgrad abgestuft. Es handelt sich bei den Beispielen zum Teil um reale Konflikte, die in verschiedenen Bereichen der Jugendarbeit tatsächlich stattgefunden haben. Die Namen und Orte sind verändert, damit in keinem Fall Rückschlüsse auf reale Personen möglich sind. Einige Fälle sind Fiktionen, die in Seminaren auf ihre Tauglichkeit für Mediationsübungen getestet worden sind. Alle Fälle eignen sich für eine Mediation und können je nach Empathievermögen und Tagesform der Darsteller/innen zu ganz unterschiedlichen Lösungen kommen. Lassen Sie sich Zeit zum Trainieren, bevor Sie selber Konflikte konstruieren, die besondere Schwierigkeiten beinhalten oder nur schwer regelbar sind.

Kopieren Sie zum Spielen die Rollenkarten und händigen Sie den Spielenden nur Ihre jeweilige Rollenkarte aus. Die allgemeinen Informationen lesen Sie der gesamten Gruppe und den Spielenden vor. Die Mediatoren/innen erhalten, wenn keine weiteren Hinweise gegeben werden, nur die allgemeinen Informationen.

1. Der Fall »Referat«

Dauer: 30 Min. mit Auswertung

Allgemeine Informationen

Alex und Steffi sind in der 9. Klasse einer Gesamtschule und sollen ein gemeinsames Referat erarbeiten. Sie hatten bereits zwei Wochen Zeit und sind noch nicht viel weiter als am Anfang. In zwei Wochen ist der Termin und Alex versucht ständig Steffi zur Mitarbeit zu motivieren.

Rollenkarte Alex

Alex ist kein besonders guter Schüler und möchte mit dem Referat die schlechte letzte Arbeit ausgleichen. Ihm liegt viel an einer guten Note und er möchte das Referat gut vorbereiten. Er ist sauer auf Steffi, weil diese keine Eigeninitiative zeigt. Ständig telefoniert er ihr hinterher und versucht Termine zu machen. Sie haben es immerhin geschafft die Arbeiten aufzuteilen. Steffi bringt aber nicht die verabredeten Ergebnisse. Alex glaubt, Steffi will mit seiner Arbeit eine gute Note bekommen, ohne selber etwas tun zu müssen und fühlt sich ausgenutzt. Er will jetzt klären, wie das weitergehen soll.

Rollenkarte Steffi

Steffi ist eine gute Schülerin und bekommt ihre guten Noten meist, ohne viel dafür zu tun. Sie kann sehr gut Improvisieren und bereitet sich nie besonders gründlich vor. Sie ist genervt von Alex' Übereifer und kann nicht verstehen, wieso der schon Wochen vor dem Referat so viel Panik hat. Sie hat den Eindruck, dass Alex ihr nicht zutraut, gute Ergebnisse zu bringen, und sich als »Chef« aufspielen will, der ihr Arbeitsanweisungen gibt. Eigentlich hat sie das von ihm nicht erwartet und ist enttäuscht. Sie wollte mit ihm das Referat machen, weil sie ihn nett fand, und jetzt stellt sich das Gegenteil heraus. Sie hat keine besondere Lust mehr, mit Alex zusammenzuarbeiten.

2. Der Fall Burim und Andreas

Dauer: 45 Min. mit Auswertung

Besondere Schwierigkeiten: Pädagogische Zielstellungen beeinflussen den Gesprächsausgang. Die Jugendlichen sind nicht freiwillig anwesend, sondern wählen die Mediation als kleineres Übel. Nicht immer besteht ein echtes Interesse an einer Klärung bzw. an einem zufrieden stellenden Ausgang des Konfliktes für beide Parteien.

Allgemeine Informationen

Andreas und Burim sind gemeinsam in einer überbetrieblichen Ausbildungsstätte als Metallbauer. Unter den Jugendlichen gibt es oft Konflikte und auch gelegentlich gewalttätige Auseinandersetzungen. Vom Meister gibt es die klare Regel: »Wer schlägt, fliegt raus.« Eines Tages kommt es zu einer Situation, in der Burim Andreas schlägt. Mit einem Gespräch soll der Rausschmiss von Burim verhindert werden.

Rollenkarte Burim

Burim ist er einzige Albaner in der Gruppe von Jugendlichen und fühlt sich nicht besonders wohl. Von Andreas fühlt er sich oft provoziert und muss sich sehr zusammenreißen, um nicht zuzuschlagen. Immer wieder kommt Andreas mit beleidigenden Sprüchen, vor allem dann, wenn der Meister nicht im Raum ist. Burim hat sich nicht gut unter Kontrolle und droht oft auszurasten. Die Vorfälle zu melden kommt für ihn nicht infrage. Als er mal wieder von Andreas angemacht wird, sieht er rot und schlägt zu.

Rollenkarte Andreas

Andreas ist schon ein Jahr länger bei der Ausbildung als Burim und innerhalb der Gruppe der Auszubildenden nicht gerade der Beliebteste. Er findet in Burim ein willkommenes Opfer, um sich selber in eine bessere Position zu bringen. Er genießt die Momente der Macht, wenn er sieht, wie Burim langsam die Fassung verliert. Damit, dass Burim wirklich zuschlägt, hätte er nicht gerechnet. Burim ist ihm körperlich überlegen und Andreas hat wenig Interesse daran, dass Burim die Ausbildung fortsetzen kann. Er befürchtet, dann mit Burim ernsthaft Ärger zu bekommen.

3. Der Fall Lisa und Maria

Dauer: 45 Min. mit Auswertung

Allgemeine Informationen

Lisa und Maria sind in der 9. Klasse und waren bisher die besten Freundinnen. Seit einigen Wochen gibt es öfter Ärger zwischen den beiden. Beiden machen den Eindruck, sehr verletzt zu sein, und Sie als Pädagoge/in bieten ein gemeinsames Gespräch an. Beide lassen sich nach einigem Zögern darauf ein.

Rollenkarte Maria

Maria hat neue Freunde aus einer anderen Schule kennen gelernt, mit denen Sie abends, vor allem am Wochenende, öfters weggeht. Sie hat viel Spaß und fühlt sich wohl mit der neuen Clique. Gerne würde sie Lisa mitnehmen, die darf aber abends nicht mehr raus. Seit einiger Zeit hat sie das Gefühl, dass Lisa über sie Gerüchte verbreitet, denn wenn sie in die Klasse kommt, verstummen die Gespräche und die Blicke sind auf sie gerichtet. Lisa hängt öfter als früher in den Pausen mit den anderen aus der Klasse herum.

Rollenkarte Lisa

Lisa hat sehr strenge Eltern und darf abends nicht weg. Früher war dies kein Problem, denn Maria kam einfach zu ihr nach Hause. Seit einiger Zeit hat Maria nur noch wenig Zeit und kommt kaum noch. Immer fragt sie, ob Lisa mit ins Kino, ins Einkaufszentrum, die Disko oder zum Eislaufen geht, obwohl Maria doch genau weiß, dass Lisa dann schon nach einer Stunde gehen müsste, um pünktlich zu Hause zu sein.

Lisa fühlt sich vernachlässigt, ist eifersüchtig und lästert hinter Marias Rücken über diese. Sie erzählt, dass Maria kiffen und trinken würde, obwohl sie dies nicht weiß. Sie möchte sich so an Maria rächen, von der sie glaubt, vergessen worden zu sein. Wenn Maria die Freundschaft so wenig wert ist, dann soll es Lisa auch nicht weiter kümmern.

4. Der Fall »Wochenendreise«

Dauer: 45 Min. mit Auswertung

Besondere Schwierigkeit: Das Gespräch findet unter einem gewissen Druck statt. Die Mädchen kommen nicht unbedingt freiwillig. Sie wissen, wenn sie sich nicht auf das Gespräch einlassen, hat dies Konsequenzen für die ganze Gruppe.

Allgemeine Informationen

Janina und Michaela gehen in die gleiche Jugendeinrichtung. Sie sind nicht miteinander befreundet, kennen sich aber. Beide sind 14 Jahre alt. Gemeinsam mit 15 anderen Jugendlichen nehmen sie an einer Wochenendreise teil. Am Abend kifft Michaela und Janina bekommt dies mit. Sie verspricht nichts zu sagen. Die Mitarbeiter/innen bekommen mit, dass Michaela gekifft hat und drohen damit, ihre Eltern zu informieren. Es kommt zu einer Schlägerei zwischen Michaela und Janina, die die Mitarbeiter/innen deeskalieren. Um die Reise nicht abbrechen zu müssen, lassen sich die Mädchen auf ein Gespräch ein. Beide führen nicht zum ersten Mal eine Mediation durch.

Rollenkarte Michaela

Michaela hat eine hohe Stellung in der Einrichtung und ist bei allen anerkannt. Sie nutzt diese Stellung zeitweilig aus, indem sie andere herumkommandiert und provoziert. Selten machen die anderen Ähnliches mit ihr. Zu Hause hat Michaela viele Probleme, über die sie aber nur sehr selten spricht. Ihre Mutter ist Alkoholikerin. Ihr Vater hat die Absicht, sich scheiden zu lassen, da er die Situation mit der Mutter nicht mehr ertragen kann. Michaela hat Angst vor der neuen Situation ohne den Vater, denn sie soll bei der Mutter bleiben. Michaelas Eltern lassen ihr viel Freiraum, reagieren aber bei Alkohol und Drogen umso schärfer.

Michaela hat Angst, dass ihre Eltern über diesen Vorfall informiert werden. Sie vermutet in Janina eine Verräterin und ist wütend. Es kommt zu einer Konfrontation der beiden, in der ein Wort das andere gibt. Das Ganze endet in einer Schlägerei, die von den Mitarbeiter/innen deeskaliert wird.

Rollenkarte Janina

Janina ist eine der »Mitläuferinnen« in der Jugendeinrichtung. Sie gehört zur Masse, aus der sich Michaela immer wieder hervorhebt. Ein wenig bewundert sie Michaela dafür, obwohl sie zum Teil herablassend von ihr behandelt wird. Janina ist schüchtern und meidet Auseinandersetzungen. Gerne möchte sie sich mit allen gut verstehen. Um dies zu erreichen, verdreht sie manchmal die Wahrheit ein wenig. Sie möchte keinen verletzten und von allen gemocht werden. Schnell findet sie sich dann in einem Geflecht von Geschichten wieder, das sie selber nicht entwirren kann. Die anderen vertrauen Janina deshalb keine Geheimnisse mehr an. Auch wenn Janina selber kaum Streit anfangen würde, so wird sie doch ab einem gewissen Punkt sehr aggressiv und schlägt auch zurück.

Sie kann nicht verstehen, warum Michaela so wütend auf sie zukommt und fühlt sich in die Ecke gedrängt und zu Unrecht beschuldigt. Diesmal hatte sie wirklich nichts verraten. Sie sieht sich gezwungen, sich zur Wehr zu setzen, und schlägt zurück.

Hinweise für den/die Mediator/in

Sie haben auf dieser Reise eine Doppelrolle. Sie sind der/die Betreuer/in, der/die auf die Einhaltung von Regeln achten muss und auch die Person, die die Konflikte regeln sollte. Ihr/e Kollege/in hat erfahren, dass Michaela gekifft hat. Bei dem Geruch im Zimmer war es nicht nötig, dass jemand petzt. Nur die beiden Mädchen waren im Zimmer und es ist bekannt, dass Janina nicht kifft. Er/sie stellt Michaela zur Rede und droht, die Eltern zu informieren. Der Konflikt wird nicht geklärt, da Michaela wegrennt. Minuten später sehen Sie, wie beide Mädchen aufeinander einschlagen, und trennen die Auseinandersetzung. Gewalt ist für Sie vollkommen inakzeptabel. Das wissen auch die Jugendlichen. Sie bitten die Mädchen um ein Gespräch, da die Reise nach diesem Vorfall nicht einfach so weitergeführt werden kann. Ihr/e Kollege/in informiert Sie über den Vorlauf der Schlägerei.

5. Der Fall »Fahrrad«

Dauer: 60 Min. mit Auswertung

Besondere Schwierigkeiten: (1) Fehlinterpretation von Mimik. (2) Der Stellenwert von Cliquen und die Möglichkeit oder Unmöglichkeit sich als Jugendliche/r gegen die Gruppe zu stellen. (3) Mediatoren/innen können leicht in die Situation geraten, sich zu der Seite des vermeintlichen Opfers hingezogen zu fühlen. In diesem Konflikt muss besondere Aufmerksamkeit auf die Neutralität gelegt werden.

Allgemeine Informationen

Hans und Michael sind Schüler der 8. Klasse einer Oberschule. Sie sind nicht befreundet. Hans ist ein Einzelgänger und Michael Mitglied einer großen Clique. Als Michael am Morgen in die Klasse kommt, wird er von hinten angestoßen und fällt Hans unbeabsichtigt in den Rücken. Hans dreht sich um und schlägt Michael voll in das Gesicht.

Rollenkarte Hans

Hans ist voller Wut, als er sieht, dass Michael ihm in den Rücken gefallen ist. Immer kommt der von hinten. Dabei hatte er ihm vor der Schule gerade erst gesagt, dass er zuschlagen wird, wenn Michael noch einmal von hinten kommen würde. Für Hans ist Michael ein Feigling und er lässt sich diese miese Tour nicht mehr gefallen. Gestern nach der Schule, als Hans mit seinem neuen Fahrrad nach Hause fahren wollte, hat Michaels Clique ihn angemacht. Michael stand im Hintergrund und hat gegrinst. Hans vermutet, Michael hat seine Clique vorgeschickt. Das passt zu ihm, er ist schließlich zu feige, um selber zu kommen. Die Clique hat Hans das Fahrrad weggenommen und ist damit gefahren. Der Dynamo ist bei der Rangelei um das Fahrrad kaputtgegangen. Hans hat Ärger von seinen Eltern bekommen, schließlich war das Fahrrad neu. Wütend kam er am nächsten Morgen in die Schule und hat Michael mit Schlägen gedroht.

Rollenkarte Michael

Michael ist völlig verdutzt, als er von Hans geschlagen wird. Er ist von hinten geschubst worden und kann nichts für die Situation. Er ist wütend und seine Backe tut sehr weh. Er fühlt sich als Opfer in der Situation. Die Sache von gestern, als seine Clique Hans das Fahrrad weggenommen hat, bringt er damit nicht unmittelbar in Verbindung. Er fand nicht gut, was die Clique mit Hans gemacht hat, aber er konnte nichts machen. Er kann sich schließlich nicht vor seine Clique stellen und ihnen sagen, sie sollen Hans in Ruhe lassen. Verlegen hat er im Hintergrund gestanden. Ihm ist völlig unklar, warum Hans derart sauer auf ihn ist. Er fühlt sich für das Verhalten seiner Clique nicht verantwortlich. Zudem denkt er, Hans hätte die anderen mit seinem Fahrrad eine Runde fahren lassen können. Er findet es albern, dass Hans sein neues Rad niemandem ausleihen will.

6. Der Fall »Kinobesuch«

Dauer: 60 Min. mit Auswertung

Besondere Schwierigkeit: (1) Die Konfliktparteien sind Gruppensprecher, die das ausgehandelte Ergebnis ihren Freunden vermitteln müssen. (2) Der/die Mediator/in weiß im Vorfeld, wie die Auseinandersetzung abgelaufen ist, macht sich somit eventuell Gedanken über eine mögliche Lösung, die ihn/sie in der Mediation behindern.

Allgemeine Informationen

In einer Großstadt gehört die Jugendeinrichtung X zu den wenigen Einrichtungen, die zwischen Weihnachts- und Neujahrsfeiertagen geöffnet hat. In dieser Zeit sind dort täglich über 100 Jugendliche zeitgleich anzutreffen. Am 28. Dezember beschließen die Kollegen/innen diesen Andrang zu verringern, indem sie einen zusätzlichen Kinobesuch anbieten. Grund ist der Beginn des Verkaufs von Feuerwerkskörpern. Dies kann zu vermehrtem Stress innerhalb der Einrichtungen führen. Zwei Kollegen/innen können diese Veranstaltung mit 50 interessierten Jugendlichen begleiten, die anderen Kollegen/innen müssen die Einrichtung offen halten. Schon während der Fahrt mit der U-Bahn kommt es zu Konflikten unter den Jugendlichen. Zwei Gruppierungen kristallisieren sich heraus. Die Gruppe der alten Stammbesucher – arabischer und türkischer Herkunft – und die Gruppe der neuen Besucher/innen – Albaner aus dem Kosovo. Die Kollegen/innen entschließen sich mit diesen beiden Gruppen in zwei getrennte Kinos zu gehen. Beide Gruppen müssen wegen störenden Verhaltens die Kinos wieder verlassen und treffen auf dem U-Bahnhof wieder aufeinander. Es kommt zu einer Massenschlägerei, die sich auf die Gleise verlagert. Der Zugverkehr muss gestoppt werden. Die Polizei kesselt die Jugendlichen ein und stoppt die Auseinandersetzung. Die Jugendlichen zeigen sich zum großen Teil gegenseitig wegen gefährlicher Körperverletzung an.

Rollenkarte Nahid (17 Jahre)

Nahid nimmt an dem Kinobesuch nicht teil, sondern triff am U-Bahnhof zufällig auf seine Clique. Er sieht, dass seine Freunde in Schwierigkeiten sind und mischt sich ein. Er will den Konflikt mit den »Neuen« klären und geht zu ihnen hin. Doch zum Reden kommt er nicht mehr, weil die Schlägerei sofort ausbricht und sich ausweitet. Bei dieser Schlägerei verliert Nahid einen Vorderzahn, den er ersetzt haben möchte, denn die Zahnlücke macht ihn nicht besonders attraktiv.

Er gehört zu der Gruppe der Stammbesucher und hat die Einrichtung mit seinen Freunden aufgebaut. Er ist ein eher ruhiger Jugendlicher und fällt nicht durch besonders problematisches Konfliktverhalten auf. Er kennt den/die Mediator/in schon seit er die Einrichtung besucht und versucht, diesen Vorteil in der Mediation zu nutzen. Seit einigen Wochen kommt auch die neue Clique in die Einrichtung, da ihr Jugendzentrum geschlossen wurde. Viele kleine Konflikte entstehen täglich und die Atmosphäre ist merklich angespannt. Immer öfter kommt es zu Beschädigungen der Einrichtung, für die sich keiner verantwortlich fühlt. Nahid ist sauer über den Verlust der »Alleinherrschaft« in der Einrichtung und auch über die Zerstörungen. Er will die neuen Besucher/innen möglichst aus dem Haus haben. Nahid weiß nicht, was auf der Fahrt zum Kinobesuch mit Barims kleinem Bruder passiert ist.

Rollenkarte Barim (16 Jahre)

Barim nimmt seinen kleinen Bruder (10 Jahre) mit zum Kinobesuch. Während der Fahrt wird dieser von den Stammbesuchern der Einrichtung mit einem Messer bedroht. Barim ist fassungslos, wie man so feige sein kann, einen kleines Kind zu bedrohen. Er ist erst seit einigen Wochen Besucher der Einrichtung. Der Jugendklub, in dem er und seine Clique sich vorher getroffen hatten, wurde geschlossen. Er ist sauer, weil die andere Clique sich ihnen gegenüber abweisend verhält und sie nicht die gleichen Möglichkeiten wie die anderen Jugendlichen haben. Zum Beispiel lassen die Stammbesucher/innen sie nicht an der Benutzung der Spielgeräte teilhaben.

Hinweise für die/den Mediator/in

Sie als Mediator/in wissen im Vorfeld, was geschehen ist. Sie kennen den Jugendlichen Nahid seit mehreren Jahren, Barim hingegen ist Ihnen weitgehend unbekannt. Sie sind nicht frei von eigenen Interessen in diesem Gespräch, denn sie möchten, dass der Konflikt sich nicht in die Einrichtung verlagert und zu weiteren gewalttätigen Auseinandersetzungen führt. Sie müssen diesen Rollenkonflikt zwischen Mediator/in und Pädagoge/in in der Mediation aushalten.

7. Der Fall »Robert und Andy«

Dauer: 45 Min. mit Auswertung

Besondere Schwierigkeiten: Das Gesicht vor der Clique zu verlieren, ob als Lügner oder »Schwitzer«, ist eine der schwersten Herabsetzungen für männliche Jugendliche. Ihr Idealbild von sich selber als »Kämpfer« oder »Macher« in der Gang zerfällt und sie setzen viel Energie daran, dies zu verhindern.

Allgemeine Informationen

Robert und Andy sind beide 14 Jahre alt und seit der siebten Klasse befreundet. Sie sind in einer Clique in ihrer Schule, aber nicht in derselben Klasse. Die Clique rivalisiert mit einer Gang aus dem Stadtteil, in dem beide wohnen. Am letzten Wochenende wollte diese Gang Robert und Andy »abziehen«. Beide sind abgehauen und so Schlimmerem entgangen. Sie haben nicht weiter darüber gesprochen. Am Nachmittag des darauf folgenden Montags kommt es in der Jugendeinrichtung zum Streit zwischen Robert und Andy. Die Clique kann eine Schlägerei gerade noch verhindern. Beide lassen sich, nachdem sie sich beruhigt haben, auf eine Mediation ein.

Rollenkarte Robert

Als Robert am Montag in die Schule kommt, wird er gleich von der Clique umringt. Irgendwie hat sich das Ganze rumgesprochen. Er hat Angst vor der Clique als »Schwitzer« dazustehen und erzählt, dass Andy zuerst abgehauen wäre. Allein hätte er dann keine Chance gehabt und konnte sich gerade noch rechtzeitig verdrücken.

Robert wird danach klar, dass Andy jetzt durch die Clique Ärger bekommen wird und es tut ihm Leid. Er kann die Geschichte aber nicht klarstellen, denn dann würde er als Lügner dastehen. Er fühlt sich wie in einer Zwickmühle und geht einer Konfrontation mit Andy in der Schule aus dem Weg. Mit ungutem Gefühl geht er am Nachmittag in die Jugendeinrichtung.

Rollenkarte Andy

Andy erfährt von Roberts Darstellung durch die Clique und ist total wütend. Er fühlt sich reingelegt und glaubt, Robert wolle sich auf seine Kosten in ein besseres Licht stellen, damit er in der Clique ernster genommen wird. Er ist enttäuscht, dass sein Freund ihn so reinlegt. In den Pausen sucht er Robert, findet ihn aber nicht. Am Nachmittag geht er in die Jugendeinrichtung und wartet wütend auf Robert.

8. Der Fall »Beste Freundinnen«

Dauer: 45 Min. mit Auswertung

Besondere Schwierigkeiten: Sehr emotionaler Konflikt zwischen besten Freundinnen.

Allgemeine Informationen

Athina und Nadine sind beide 16 Jahre alt und seit fünf Jahren beste Freundinnen. Auf einem Fest lernen die beiden ein drittes Mädchen – Jasmin – kennen. Nadine trifft sich öfter mit Jasmin und sie unternehmen etwas zu zweit. Bei einem gemeinsamen Stadtbummel mit Nadine und deren neuer Freundin lernen sie ein viertes Mädchen – Nicole – kennen. Nicole besucht Athina öfters, ohne sich vorher anzukündigen oder Athina zu fragen, ob diese das überhaupt möchte. Athina und Nadine, die früher unzertrennlich waren, sind in der letzten Zeit öfter sauer aufeinander und es kommt häufig zu Streit.

Rollenkarte Athina

Athina darf seit einem halben Jahr nicht mehr so oft das Elternhaus verlassen. Ihre Eltern (türkischer Herkunft) haben Angst, dass Athina an die falschen Leute gerät und der Familie Ärger einbringt. Sie ist nun darauf angewiesen, dass Nadine sie besucht. Sie hat massive Probleme mit ihrer Mutter, die sie emotional unter Druck setzt und Angst vor dem Verlust der Tochter hat.

Athina ist eifersüchtig auf die neue Freundin von Nadine. Sie hat große Angst, die beste Freundin zu verlieren und fühlt sich vernachlässigt. Sie fühlt sich in einer ausweglosen Lage. Gerne würde sie mehr mit Nadine machen, um diese nicht immer Jasmin zu überlassen. Da sie aber von zu Hause nicht weg darf, kann sie diesen aktiven Part nicht übernehmen. Sie ist auf die Besuche von Nadine angewiesen. Sie weiß, dass Nadine erwartet, dass sie das Problem mit ihrer Mutter löst. Athina weiß aber nicht, wie ihr das gelingen soll. Sie kann doch nicht ausziehen, um den Verboten zu entgehen.

Rollenkarte Nadine

Nadine hatte bis vor einem Jahr auch Probleme mit ihren Eltern bezüglich des Weggehens. Inzwischen ist dies geklärt und sie genießt ihre neuen Freiheiten. Sie hat langsam keine Lust mehr, immer bei Athina zu Hause zu sitzen und erwartet, dass auch Athina den Konflikt mit ihren Eltern löst, damit sie gemeinsam etwas unternehmen können.

Ihre neue Freundin Jasmin ist ihr nicht so wichtig wie Athina, aber mit ihr kann sie einfach mehr machen. Sie ist eifersüchtig auf Athinas neue Freundin Nicole und hat Angst, diese könnte den gleichen Stellenwert für Athina erhalten wie sie. Außerdem ist sie sauer, weil Athina sich nicht gegen ihre Eltern durchsetzt.

Konstruktion von Rollenspielen

Stellen Sie sich Ihre eigenen Rollenspiele zusammen. Spielen Sie Konflikte nach, die sich im Alltag Ihrer Institution ergeben, und werten Sie die Ergebnisse in der Trainingsgruppe aus. Entwerfen Sie vor dem Rollenspiel ein Konstrukt für den Konflikt, damit Sie vorab prüfen können, ob sich dieser für eine Mediation eignet. Weisen Sie die Gruppe und vor allem die Spieler/innen in Ihr Rollenspiel ein.

Übernehmen Sie in den von Ihnen konstruierten Rollenspielen nach Möglichkeit nicht selber die Rolle des/der Mediators/in. Sie verfügen dann über zu viele Vorinformationen, was Sie in der Mediation unter Umständen beeinflussen könnte. Zudem kann es für Sie sehr hilfreich sein, von außen zu betrachten, wie andere mit einem von Ihnen eingebrachten Konflikt umgehen würden.

Orientieren Sie sich bei der Erstellung der Rollenkarten an folgende Fragestellungen:

- Wer ist beteiligt?
- Welche Interessen haben die Konfliktparteien?
- Gibt es einen Hintergrundkonflikt?
- Welche Gefühle spielen im Konflikt eine Rolle?
- Wie ist die Machtverteilung zwischen den Konfliktparteien?
- Welche Interessen haben Sie als Pädagoge/in in diesem Konflikt?

4. Prävention – Gewalt langfristig verhindern

4.1 Grundverständnis von Prävention aus pädagogischer Sicht

Präventionskonzepte haben in der Arbeit mit Jugendlichen in den letzten Jahren immer mehr Beachtung gefunden. Aus pädagogischer Sicht dürfen diese nicht durch sicherheitsorientierte Aspekte definiert werden, die Jugendliche weitgehend als Risiko fixieren. So entsteht eine auf Jugendliche eingegrenzte Sicherheitsdebatte, die zur Verringerung von Erfahrungsspielräumen und Erfahrungsvielfalt junger Menschen führt. Prävention darf also nicht als eine staatliche Jugendkontrolle verstanden werden, die sich an der Erwachsenennormalität orientiert. Es gilt zu vermeiden, dass Prävention»... *sich ausbreitet als ausgreifende Reglementierung, als umfassender Kontrollanspruch, als ordnende Strukturierung von Lebensraum, als rigide Regulierung von Partizipation und als Eingrenzung von Aneignungsmöglichkeiten*« (Lindner 1999, S. 159).

Pädagogische Prävention ist trotz aller Kritik eine zentrale Aufgabe der Jugendarbeit. Eine gewaltfreie Lebenswelt schafft mehr Autonomie, mehr Experimentiermöglichkeiten und Spielraum zur produktiven Abweichung. Gewalt hingegen schafft Macht und Ohnmacht, Gewinner und Verlierer. Nicht Prävention, sondern Gewalt begrenzt und normiert. Prävention als humanistischer Ansatz versucht, diese Gewaltnormierungen zu verhindern. In gewalttätigen Verhältnissen werden fundamentale Menschen- und Grundrechte verletzt und außer Kraft gesetzt. Politische, gesellschaftliche und pädagogische Aktivitäten gegen Gewalt sind Voraussetzung für den Bestand einer humanen und zivilisierten Gesellschaft. Die Auseinandersetzung mit Gewalt – und damit die Prävention – gehört zu den primären Aufgaben der Jugendarbeit. Prävention im pädagogischen Sinn berücksichtigt die Lebenswelten von Jugendlichen, fördert positive Entwicklungen und erkennt Personen und Biografien an.

- Abweichungen, Grenzüberschreitungen, Krisen und kritische Ereignisse bei jungen Menschen sind Ausdruck einer normalen Entwicklung und sollten nicht als Fehlentwicklung stigmatisiert werden. Grenzüberschreitungen lösen Lernprozesse aus und sind für die Identitätsentwicklung junger Menschen von zentraler Bedeutung. Personale Prävention unterstützt und begleitet diese Lernprozesse und behindert den autonomen Lern- und Erfahrungsraum nicht.
- Problematische Verlaufsprozesse von jungen Menschen und die Entfaltung von Risikopotenzialen werden durch die Prävention eingeschränkt, bevor sie sich entfalten können. Die Verhinderung von lebenseinschränkenden, bedrohlichen und irreversiblen Entwicklungen soll die Entfaltung positiver Ressourcen junger Menschen ermöglichen. Die Stärkung positiver Entwicklungen verhindert also negative Verlaufsprozesse. Personale Prävention orientiert sich im Besonderen an den Stärken von jungen Menschen, um möglichen Schwächen konstruktiv begegnen zu können.
- Prävention aus Sicht der Sozialarbeit richtet sich auf die Verbesserung der Lebensbedingungen von Kindern und Jugendlichen. Sie individualisiert gesellschaftliche Probleme nicht, sondern versucht Selbsthilfepotenziale der Betroffenen zu stärken um dadurch Lebenswelten zu verändern. Prävention öffnet den Blick für Armut, Schul-, Ausbildungs- und Arbeitsdefizite, unzureichende Familienpolitik und die Missachtung jugendlicher Interessens- und Bedarfslagen.

Präventionsarbeit entwickelt und vollzieht sich in einem langfristigen Prozess auf unterschiedlichen Ebenen. In diesem Prozess werden Lern- und Erfahrungsmöglichkeiten von Betroffen auf einer personalen Ebene und verbesserte Lebensbedingungen auf einer strukturellen Ebene ermöglicht.

4.2 Gewaltprävention auf personaler Ebene

In der Arbeit mit Jugendlichen, die in Konfliktsituationen zu Gewaltverhalten neigen, spielt die Präventionsarbeit eine umfassende Rolle. Nach unserer Auffassung von Prävention kann diese nicht als gesonderte Methode betrachtet werden, sondern bildet den Rahmen der gesamten Arbeit. Prävention verstehen wir nicht allein als »Vorbeugung« von Gewalt, sondern ebenso als Verhinderung erneuten oder kontinuierlichen Gewaltverhaltens. Prävention meint, so verstanden, die Eckpfeiler des pädagogischen Konzeptes, in welchem die Mediation ebenso wie auch deeskalierendes Verhalten integriert sind.

Prävention beschreibt pädagogische Grundhaltungen, die die Beziehung zwischen Jugendlichen und Pädagogen/innen ausmachen, und zugleich Lernziele und Voraussetzung für konstruktive, gewaltfreie Konfliktregelung darstellen. Gewaltprävention auf personaler Ebene stellt ebenso einen Anspruch dar wie auch das Ziel von alltäglicher Arbeit mit jungen Menschen.

1. Element: Entwicklung eines positiven Selbstwertgefühles

Jugendliche, die aufgrund ablehnender und stigmatisierender Prozesse und Erfahrungen ein negatives Selbstbild entwickelt haben, können auf ihre positiven Ressourcen nicht zurückgreifen. Pädagogische Arbeit kann soziale Fähigkeiten und kreative Kompetenzen fördern, die bei den Jugendlichen zwar vorhanden sind, von ihnen selbst aber nicht wahrgenommen werden. Durch die Wahrnehmung, Anerkennung und Wertschätzung dieser Fähigkeiten können Jugendliche ihr Selbstwertgefühl über positive Eigenschaften definieren und pädagogische Arbeit kann somit Gewaltverhalten vorbeugen. Dieser Ansatz nimmt Abschied von der defizitären Betrachtung der Jugendlichen. Sie werden nicht mehr nur als änderungsbedürftige, gewalthandelnde Personen wahrgenommen, sondern als Menschen mit positiven Fähigkeiten, die es wert sind, gefördert zu werden. Sie erfahren eine Stärkung der Persönlichkeit trotz der Ablehnung des Gewaltverhaltens.

2. Element: Zuhören und Verstehensbereitschaft

Wenn Pädagogen/innen die Bereitschaft aufzeigen, Jugendlichen wirklich zuzuhören, wird damit Interesse für die Jugendlichen signalisiert. Zuhören heißt dabei nicht Übereinstimmung, sondern Verstehensbereitschaft. Das impliziert nicht nur auf Worte, sondern auch auf die Bedeutungen und damit verbundenen Gefühle zu achten. Den Jugendlichen wird die Gelegenheit gegeben, sich mitteilen zu können. Dies hat eine Entlastungswirkung und kann die Basis für eine vertrauensvolle Beziehung sein. Zuhören kann vorschnelle Schlussfolgerungen verhindern. Damit kann Etikettierungs- und Stigmatisierungsprozessen vorgebeugt werden. Zuhören heißt nicht nur wahrnehmen, sondern auch ernst nehmen. Das ist zumeist eine Erfahrung, die Jugendliche in der Konfrontation mit Erwachsenen nicht erleben. Zuhören animiert zur Kommunikation. Wer reden kann, muss nicht schlagen.

3. Element: Einfühlungsvermögen

Die Entwicklung von Einfühlungsvermögen bei den Jugendlichen verhindert die Gefahr von Vorurteilsbildungen und kann die Fähigkeit stärken, nicht nur eigene Sichtweisen, sondern auch die von anderen zu bedenken. Gerade im Jugendalter ist diese Fähigkeit wenig ausgeprägt. Die eigenen Bedürfnisse stehen im Vordergrund und deren Befriedigung ist für den Moment das einzig Wichtige. Gewalt symbolisiert eine der extremsten Formen dieser Ich-Bezogenheit. Die Förderung von Einfühlungsvermögen z.b. durch Gruppenerlebnisse oder auch Erfahrungen mit gewaltfreier Konfliktregelung ist ein unverzichtbares Element der Gewaltprävention.

4. Element: Nähe und Distanz

In der Beziehungsarbeit zu den Jugendlichen sind Empathie, Anerkennung und Akzeptanz die Schlüsselthemen. Vor allem wenn Jugendliche zuvor in ihren gesellschaftlichen Nahbereichen Abwertung, Ablehnung und Unverständnis erfahren haben. Nicht nur, dass Nähe, Geborgenheit und Ernstnehmen an sich schon gewalthemmende Wirkungen haben können, es wird damit auch die Distanz zu bedenklichen Verhaltensweisen des Jugendlichen ermöglicht, z.b. eine kritische Auseinandersetzung über Gewalt und Intoleranz. Ohne die intensive Beziehung zu den Jugendlichen, ohne die Nähe, die aus der Beziehung entsteht, ist die Distanz – das kritische Hinterfragen der Verhaltensweisen – nicht möglich. Pädagogische Arbeit ist immer ein Nähe-Distanz-Verhältnis. Das heißt, einerseits das Gespräch mit den Jugendlichen zu suchen und hinsichtlich ihrer Person Akzeptanz und hinsichtlich ihrer sozialen Alltagserfahrungen Verstehensbereitschaft zu zeigen. Es heißt aber andererseits, hinsichtlich der Umformungen dieser Alltagserfahrungen in Gewaltneigungen auf Distanz zu bleiben und die Bereitschaft zur Auseinandersetzung zu signalisieren. Jugendliche brauchen im pädagogischen Alltag nicht nur Nähe (Vertrauen, Geborgenheit, Ernstnehmen), sondern auch Distanz (Auseinandersetzung, Vorleben, Orientierung).

5. Element: Entwicklung von Konflikt- und Handlungsfähigkeit

Ein Ziel im Bereich der pädagogischen Gewaltprävention ist der Versuch, Jugendliche ohne pädagogische Fremdbestimmung ihrer eigenen Konflikt- und Handlungsfähigkeit näher zu bringen. Es soll darum gehen, Gefühle von Geborgenheit, eigener Wichtigkeit und der Notwendigkeit und Möglichkeit eigener Beteiligung am gesellschaftlichen Leben zu vermitteln. Konfliktfähigkeit meint hier eigene Bedürfnisse und Wünsche formulieren und durchsetzen zu können, ohne anderen dabei zu schaden (Walker 1995a, S. 21). Konflikt- und Handlungsfähigkeit verringert Angst, Ohnmachtsgefühle und Handlungsunsicherheiten und damit auch die Neigung zu gewalttätigem Handeln. In der Jugendarbeit sollte den Jugendlichen vermittelt werden, was Konflikt- und Handlungsfähigkeit bedeutet und wie sie sich von Passivität und Gewalt unterscheidet. Die folgenden Fragen sind dabei Leitfragen des pädagogischen Diskussionsprozesses: Wie kann ich mich für die eigenen Interessen einsetzen? Was sind die Auswirkungen, wenn ein Jugendlicher andere bedroht (sich gewalttätig verhält) oder seine Bedürfnisse nicht ausreichend formuliert (sich passiv verhält)? Wie kann man die eigenen Bedürfnisse und Interessen und die anderer erkennen und gleichzeitig befriedigen? Was bedeutet hierbei demokratische Entscheidungsfindung? Welche Rolle spielen Macht oder Angst in Beziehungen?

6. Element: Kooperation und Solidarität

Der Umgang mit Konflikten innerhalb einer Gruppe gestaltet sich nicht immer einfach. Das Erarbeiten einer gemeinsamen Lösung setzt voraus, dass die Beteiligten nicht nur ihre eigenen Bedürfnisse und Wünsche, sondern auch die der anderen Gruppenmitglieder sehen und diese als gleichwertig betrachten. Diese Form der Kooperation stellt das Ziel eines Prozesses dar, den Jugendarbeit durch die Förderung der Eigenschaften in spielerischer Form, im Planen und Umsetzen von Gruppenaktivitäten, aber auch in der täglichen Auseinandersetzung von Jugendlichen mit Pädagogen/innen bestärken kann.

7. Element: Abbau von Vorurteilen

Vorurteile bilden den Nährboden für Gewaltbereitschaft und Gewalthandlungen bei Jugendlichen. Vorurteile und Feindbilddenken können nicht durch Belehrungen, sondern durch Auseinandersetzung oder durch behutsame Kontakte und Begegnungen z.B. mit anders denkenden Jugendlichen langsam abgebaut werden.

8. Element: Vorbild- und Vorlebfunktion

Sind Pädagogen/innen Bezugspersonen für Jugendliche, haben sie auch eine wichtige Vorbildfunktion. Jugendliche erleben Pädagogen/innen in Konfliktsituationen und damit können sie neugierig gemacht werden, gewaltfreie Lösungsstrategien in Konfliktsituationen auszuprobieren. Das setzt voraus, dass die dargestellten Elemente einer gewaltfreien Konfliktlösung von den Pädagogen/innen auch verinnerlicht, anerkannt und angenommen wurden. Pädagogen/innen sind trotz dieser Vorbildfunktion auch Menschen mit Schwächen. Gerade der Umgang mit diesen Schwächen macht Sie zu Vorbildern, die erreichbar für die Jugendlichen sind. Entschuldigt sich z.b. eine Pädagogin nach einer ungerechtfertigt harten Auseinandersetzung bei einem Jugendlichen für ihr Verhalten und erklärt sie ihm den Grund für ihre Wut, kann dies eine nachhaltige Wirkung auf das Konfliktverhalten des Jugendlichen haben. Vorbild sein heißt auch, den Umgang mit Fehlern und Schwächen aufzuzeigen und den Jugendlichen eine Orientierung zu geben, wie dieser Umgang ohne Gesichtsverlust zu meistern ist.

9. Element: Durchbrechen der eigenen Kulturbrille

Ein weiteres wesentliches Prinzip der Prävention bezieht sich auf den interkulturellen Aspekt der Arbeit. Jugendliche aus Kreisen der Migranten dürfen nicht vorzeitig in eine kulturelle oder nationale Schublade hineingedrängt werden, die ihrer Identitätssuche vielleicht gar nicht entspricht. Stigmatisierungen führen zu einer erhöhten Bereitschaft, die zugewiesene Rolle anzunehmen, das tatsächliche Verhalten also im Nachhinein dem Etikett anzupassen. Die ständige Festlegung von Problemen – besonders im Bereich von Gewaltverhalten – als eines der »Türken«, der »Araber«, oder der »Aussiedler« macht die Beschäftigung mit der jeweiligen konkreten Situation der einzelnen Jugendlichen und deren konkreter Geschichte überflüssig oder gar unmöglich.

Eine interkulturelle Arbeit mit Jugendlichen hat die Aufgabe, deren Entwicklung zum Erwachsenwerden zu begleiten. Dies muss als Prozess unter konkreten gesellschaftlichen, kulturellen, sozialen Bedingungen und Restriktionen, also als aktive Auseinandersetzung mit den jeweiligen konkreten Lebensverhältnissen begriffen werden. Ein solcher Prozess spielt sich wie auch bei deutschen Jugendlichen in Widersprüchlichkeiten und konflikthaften Konstellationen ab.

Dabei kann der nationale und kulturelle Hintergrund der Jugendlichen eine Rolle spielen, muss es aber nicht. Das Durchbrechen der eigenen »Kulturbrille« legt den Jugendlichen nicht auf eine bestimmte kulturelle Identität fest, sondern versucht, einen Beitrag zur Förderung eines kulturellen Selbst-Bewusstseins zu leisten.

4.3 Gewaltprävention im Sozialraum

Präventionsarbeit sollte sich nicht auf erkennbare Einzelfälle konzentrieren, sondern muss sich im gesamten kommunalen Nahbereich entfalten können. Die konkreten Ziele und Profile einer pädagogischen Präventionsarbeit sind abhängig von den konkreten Lebenslagen der Jugendlichen. Diese werden entscheidend vom sozialen Ort und seinen Infrastrukturen geprägt, in dem junge Menschen aufwachsen. Lebenslagen, Ressourcen und Risikofaktoren spiegeln sich im kleinräumlichen Sozialraum wieder, hier werden sie vom Einzelnen erfahren und verarbeitet. Sozialräume dokumentieren jugendliche Lebenswelten und Konfliktlagen und sind dadurch der Ausgangspunkt für präventive Arbeit. Somit sollten auch »Präventionsräte« als vernetzte und ressortübergreifende Arbeitsorganisation regionalisiert sein, damit Gewaltprävention dort stattfinden kann, wo die Menschen leben und Konflikte erleben.

Im sozialräumlichen Blick der pädagogischen Präventionsarbeit können Ressourcen und Infrastrukturen für junge Menschen und deren Familien verbessert und präventive Arbeit möglich werden. Denn die sozialräumliche Betrachtung ermöglicht eine Analyse und Prognose von Entwicklungstendenzen der Lebensräume von Jugendlichen. Eine Möglichkeit, dies zu realisieren, besteht im Zusammentreffen von Betroffenen und Experten aus sozialen Diensten und des Sozialraumes. Gemeinsam können diese ihren Sozialraum unter gewaltpräventiven Gesichtspunkten betrachten und beschreiben. Als Vorstufe der unter 4.4. dargestellten Sozialraumanalyse und des Zielfindungsprozesses soll hier ein Orientierungsleitfaden für die sozialraumorientierten Arbeitsgruppen vorgestellt werden.

Übung Nr. 21:   *Bestandsaufnahme der Ist-Situation aus der*
                 Sichtweise unterschiedlicher Institutionen
Zeit: Mehrere Stunden
Material: Kopie der Fragestellungen für alle Teilneh-
                 mer/innen

Diskutieren Sie in Ihrer ressortübergreifenden oder sozialräumlich orientierten Arbeitsgruppe die folgenden Fragestellungen und halten Sie die Ergebnisse schriftlich fest. Machen Sie vor allem die Ergebnisse des letzten Fragekomplexes allen Teilnehmern/innen zugänglich. Aus diesen Ideen kann Ihr gemeinsames Präventionskonzept entstehen.

Wie stellt sich das Problem dar?

- Was wird an Gewalt im Sozialraum wahrgenommen? Wo liegen die Schwerpunkte?
- Was wissen wir über Kinder und Jugendliche mit eigenen Gewalterfahrungen?
- Was wissen wir über Kinder und Jugendliche, von denen Gewalt und Gewaltbereitschaft ausgeht?
- Sind in den letzten Jahren Veränderungen zu beobachten?

Wie werden Gewalterscheinungen erklärt?

- Worauf werden Gewalterscheinungen im Sozialraum zurückgeführt?
- Welchen Anteil haben hierbei die sozialräumlichen Lebensbedingungen?

Wie wird auf Gewalt reagiert?

- Wie reagieren die Institutionen auf einzelne Gewaltvorfälle bzw. auf die gesamte Gewalterscheinung?
- Welche Angebote gibt es für Kinder und Jugendliche im präventiven Bereich?
- Welche speziellen Angebote werden für Jugendliche mit problematischen Verhaltensweisen offeriert?

- Welche Angebote gibt es für Kinder und Jugendliche, die Opfer von Gewalt geworden sind?
- Wo arbeiten die Institutionen zusammen? Welche Erfahrungen liegen vor?

Was wünschen wir uns an Präventionsarbeit im Sozialraum?

- Welche Lebensbedingungen im Sozialraum sollen sich verändern?
- Welche zusätzlichen Angebotsformen fehlen im Kiez?
- Welche Zusammenarbeit zwischen den Institutionen ist notwendig?
- Wie lässt sich die Präventionsarbeit in den bestehenden Einrichtungen verbessern?
- Wie können Kinder und Jugendliche in diesem Prozess beteiligt werden?
- Welche Unterstützung brauchen die Institutionen?
- Welche Arbeitsformen benötigen wir für die Planung und Umsetzung?

4.4 Anleitung zur Gestaltung von Rahmenkonzepten der gewaltpräventiven Jugendarbeit

Inhalt des folgenden Abschnittes ist es, Ihnen zwei Methoden darzustellen, mit denen Sie Ihr individuelles, präventives Konzept erstellen können. Mit der Anleitung zur Sozialraumerschließung ist es möglich, eine Bestimmung der IST-Situation Ihrer Region, Ihres Stadtteiles oder Ihres Sozialraumes vorzunehmen. Sie erhalten alle notwendigen Informationen, können Entwicklungstendenzen überschauen und anschließend bestimmen, welche Maßnahmen, Projekte oder Veränderungen sinnvoll wären.

Mit dem anschließenden Zielfindungsprozess sind Sie in der Lage, ein detailliertes pädagogisches Konzept für Ihre Einrichtung oder für Ihre Region zu erarbeiten. Da sich beide Methoden auf das unmittelbare Arbeitsfeld beziehen, hat deren Anwendung nur im tatsächlichen Team, Sozialraum oder Kollegium Sinn.

4.4.1 Die Sozialraumanalyse zur Konzeptentwicklung für die Region

Zielsetzungen von Sozialraumerschließung

Sozialraumerschließungen sind das Ergebnis eines kommunikativen Prozesses von »Experten« des Sozialraumes unter Beteiligung von Betroffenen. Neben der Erfassung des IST-Zustandes erfüllt die Sozialraumerschließung noch weitere Funktionen:

- Durch eine kontinuierliche Analyse des Sozialraumes können Veränderungen und Entwicklungen transparent gemacht werden, subjektive Sichtweisen verlieren an Bedeutung.
- Die Sozialraumanalyse dient nicht nur der bloßen Bestandsaufnahme einer jetzigen Situation. Auf der Grundlage der gewonnenen Daten und Erkenntnisse können bestehende Ressourcen im Sozialraum aktiviert, Prioritäten gesetzt und Veränderungsprozesse initiiert werden.
- Präventive Arbeit wird möglich, da Entwicklungstendenzen prognostiziert werden können.
- Es können überschaubare Arbeitsschritte zu einer Veränderung des Sozialraumes unter Einbeziehung der Betroffenen entwickelt werden.
- Durch Vernetzungsstrategien können Infrastrukturen und die Ressourcen für Kinder und Jugendliche verbessert werden.

Übung Nr. 22:   *Kleine Sozialraumanalyse*
Zeit: Mehrere Wochen
Material: Detaillierte Karten des Sozialraumes, statistische Daten verschiedener Institutionen

Die im Folgenden dargestellte Sozialraumanalyse bewegt sich in einem für Praktiker/innen durchführbaren Zeitniveau. Sie ist fokussiert auf die Erhebung von offensichtlichen Merkmalen oder vorhandenen Daten. Die Merkmale müssen beobachtet und die Daten von den unterschiedlichen Institutionen zusammengetragen werden. Die mit diesen Daten entstandene Beschreibung gibt einen Überblick über den aktuellen Zustand und mögliche Entwicklungstendenzen und ist ausreichend für eine präventive Planung der weiteren sozialen Arbeit der Region. Durch die Kooperation unterschiedlicher Institutionen, die wir gerade zur Durchführung der Sozialraumbetrachtung empfehlen, ist der Gedanke der Prävention nicht allein auf den Bereich der Jugendarbeit beschränkt, sondern betrifft viele Bereich von Jugendhilfe, Schule und sozialen Diensten.

Kriterien für eine Sozialraumbetrachtung

In der ersten Phase geht es darum, den jetzigen Sozialraum nach gemeinsam entwickelten Kriterien möglichst genau zu beschreiben, das heißt die momentane Situation zu erfassen. Die Kriterien können aus den folgenden Fragestellungen abgeleitet werden.

1) Was sind die charakteristischen Merkmale des Sozialraumes?

- Bevölkerungszusammensetzung (soziodemographische Daten wie Altersstruktur, Einkommensstruktur, Anzahl der Arbeitslosen und Sozialhilfeempfänger, allein erziehenden Eltern, Konzentration von Kindern und Jugendlichen im Gebiet, Wohnsituation, Familiensituation).
- Charakteristische Merkmale des Sozialraumes (Hauptverkehrswege, Wohnbereiche Neu-/Altbaugebiete, Sanierungsgebiete, Gewerbegebiete, Einkaufszonen, Erholungsgebiete, Spiel- und Freiflächen, ökologische Belastungsfaktoren, ökonomische Perspektiven, Kriminalitätsentwicklung).

2) Welches sind die besonderen Probleme des Sozialraumes?

- Familiäre Desintegration
- Armut und Arbeitslosigkeit
- Einschränkung öffentlicher und privater Kommunikationsräume
- Unterversorgung mit kommunalen Einrichtungen

- In welchen Bereichen ist eine soziale Ausgrenzung erkennbar?
- Wo erleben junge Menschen Konflikte im Sozialraum? Wo sind die Konfliktorte? Wie werden die Konflikte ausgetragen?

3) Wie wird im Sozialraum kommuniziert und entschieden?

- Wie verlaufen örtliche Entscheidungsprozesse?
- Inwieweit werden Betroffene an diesen Entscheidungsprozessen beteiligt?
- Verläuft die Partizipation gleichberechtigt oder werden bestimmte Personengruppen aus den Kommunikationsprozessen ausgegrenzt?
- Gibt es ein Kinder- und Jugendbüro oder andere Formen der Kinder- und Jugendbeteiligung?

4) Welche Einrichtungen, Angebote und Treffpunkte stehen zur Verfügung?

- Ausstattung mit Schulen
- Ausstattung mit sozialen Einrichtungen oder Dienstleistungen (Jugendeinrichtungen, Beratungsstellen, Behörden/Ämter, kirchliche Sozialdienste, Kindertagesstätten)
- Freie Aktionsräume für Kinder und Jugendliche (Spielplätze, Grünflächen, Sportplätze)
- Informelle Treffpunkte von Jugendgruppen
- Kommerzielle Freizeitangebote (Diskotheken, Spielhallen, Sportzentren)

5) Welches sind die Ressourcen und Netzwerke des Sozialraumes?

- Ausbildungs- und Arbeitsplatzmöglichkeiten
- Natürliche Netzwerke (z.B. Familien-, Nachbarschafts- oder Jugendgruppen, Bürgerinitiativen)
- Netzwerke der sozialen Dienstleistungen und privaten Initiativen
- Weitere Kompetenzen im Sozialraum (z.B. Graffiti-Jugendliche)

Sammlung von Daten

Nicht zu allen aufgeführten Kriterien stehen ohne weiteres Daten zur Verfügung. Ein Sozialraum sollte deshalb nicht ausschließlich anhand von Zahlen und Fakten (quantitativ) dargestellt werden. Die Situationsbeschreibung anhand persönlicher Erfahrungen und Beobachtungen oder anhand von Erkenntnissen Dritter (z.B. Anwohner) kann das statistische Material sinnvoll ergänzen. Mögliche Datenquellen sind u.a.:

- ein »Spaziergang« durch den Sozialraum,
- kommunale statistische Ämter (Bevölkerungsstruktur, Familienstruktur, Einkommensverteilung), Arbeitsamt (Arbeitslosenzahlen),
- Wohnungsamt, Wohnungsbaugesellschaften (Zuzug und Abwanderung),
- Allgemeiner Sozialer Dienst (Hilfen zur Erziehung, soziale Situation),
- Jugendgerichtshilfe, regionale Kriminalitätsstatistik (Kriminalität),
- eigene und fremde Erhebungen und Beobachtungen,
- Jugendhilfeberichtserstattung der regionalen Jugendhilfeplanung.

Dokumentation der Sozialraumbeschreibung

Ziel der Sozialraumanalyse ist es, eine für alle Beteiligten übersichtliche Darstellung des betreffenden Gebietes zu erstellen. Aus dieser Darstellung sollten die Ergebnisse gut ablesbar sein. Hierzu empfehlen sich Übersichtskarten (bei den zuständigen kommunalen Ämtern zu erhalten), auf denen die verschiedenen Fakten und Ereignisse grafisch festgehalten werden. So wird es möglich, die unterschiedlichen Fakten und sozialstatistischen Daten den Elementen der regionalen Angebotsstruktur zuzuordnen, zu visualisieren und für Planungs- und Entwicklungsvorhaben nutzbar zu machen. Neben der visuellen Darstellung (Einzeichnen der entsprechenden

Informationen in Karten) sollte die jeweilige Situation auch schriftlich fixiert werden, da einerseits nicht alle Materialien und Daten visualisiert werden können und andererseits so gewährleistet ist, dass die entsprechenden Informationen für Interessierte bei Bedarf verfügbar sind.

4.4.2 Der Zielfindungsprozess zur Erstellung von gewaltpräventiven Konzepten

In Institutionen und Organisationen ist es wichtig, dass die Ziele gemeinsam, unter Beteiligung aller Mitarbeiter/innen entwickelt werden. Nur so können der größtmögliche gemeinsame Nenner gefunden und Konflikten bei der Zielverwirklichung vorgebeugt werden. Präventive pädagogische Konzepte verlangen für eine erfolgreiche Verwirklichung die Umsetzung der Zielstellungen und Grundsätze durch alle Mitarbeiter/innen. Dies kann nur Gelingen, wenn alle sich am Prozess der Zielformulierung beteiligen konnten. Ziele bilden die Grundlage für koordiniertes Handeln und klientenorientiertes Arbeiten (vgl. Horn-Wagner). Der Weg von der IST-Situation, die z.B. durch eine Sozialraumerfassung bestimmt wurde, zur Sollsituation kann nur dann sinnvoll gestaltet werden, wenn deutlich ist, wie der Sollzustand aussehen soll. Durch den Zielfindungsprozess ist es möglich, diesen zu bestimmen und die Mittel und Wege zur Zielerreichung kenntlich zu machen.

Wir empfehlen, die folgenden drei Übungen in Form von zwei Teamtagen durchzuführen.

Übung Nr. 23:   *Ein gemeinsames Grundsatzziel finden*
Zeit: Je nach Teamgröße und Konsensfähigkeit verschieden
Material: Papier und Stifte

Jede Institution oder Einrichtung, jedes Projekt verfolgt ein Ziel, dass generelle Gültigkeit hat bzw. einen längerfristig anzustrebenden Zustand in der Zukunft beschreibt. Es bildet den Gesamtrahmen des Vorhabens. Auch Projekte, die gewaltpräventive Arbeit mit jungen Menschen durchführen, verfügen über ein solches, oft nicht ausgesprochenes, *grundsätzliches* Ziel. Gemeinsames Handeln wird erst dann koordinierbar und steuerbar, wenn eine Einigung bzgl. dieses Zieles im Kollegium erfolgt ist. Dazu kann diese Übung dienen.

Stellen Sie sich einzeln folgende Fragen und halten Sie die Antworten stichwortartig fest:

- Welche Normen, Werte und Einstellungen bestimmen unser Handeln?
- Welchen Zweck verfolgen wir mit unserer pädagogischen Arbeit?
- Welchen gemeinsamen Sinn hat unser Handeln?
- Was wollen wir mit unseren Klienten/innen erreichen?
- Wozu soll die gemeinsame Arbeit beitragen?

Bilden Sie aus den Stichworten *einen* Satz, in dem Sie alle Ihnen wichtig erscheinenden Punkte zusammenfügen. Schreiben Sie diesen Satz gut lesbar auf ein Blatt Papier und hängen Sie ihn für alle sichtbar an die Wand.

Vergleichen Sie Ihre Ergebnisse und begeben Sie sich als Team in einen Diskussionsprozess. Verständigen Sie sich, bis Sie einen gemeinsamen Satz als Ergebnis des Einigungsprozesses vorliegen haben. Schreiben Sie diesen auf Papier und hängen Sie ihn für die Dauer der folgenden Übungen für alle gut lesbar an die Wand. Dieser Satz ist das grundsätzliche Ziel Ihrer pädagogischen Arbeit.

Übung Nr. 24:   *Zielsammlung und Zieldifferenzierung*
Zeit: Ca. 4 Stunden, je nach Teamgröße
Material: Karteikarten, dicke Stifte, Klebeband

Als Fortsetzung der vorhergehenden Übung sollen nun jene Ziele erarbeitet werden, die zur Erreichung des Grundsatzzieles notwendig sind und sich innerhalb eines bestimmten Zeitraumes verwirklichen lassen. Diese *Rahmenziele* realisieren Teilschritte auf dem Weg zum Grundsatzziel.

1. Zielsammlung

Nehmen Sie sich die Karteikarten und schreiben Sie alle Ideen, Ziele und Wünsche, die Sie mit der Erreichung des Grundsatzzieles verbinden auf. Bitte nur ein Ziel pro Karte. Jede/r Teilnehmer/in sammelt diese Ideen zunächst für sich allein. Um möglichst alle Ideen, die Sie im Kopf haben auch zu Papier zu bringen, bewerten und verwerfen Sie bitte Ihre Ziele nicht im Voraus, sondern schreiben Sie alles auf, was Sie in die Tat umsetzen möchten. Auch wenn es Ihnen als nicht realisierbar erscheint, sollten Sie es wenigstens prüfen können.

Ideen und Ziele sind Zustände in der Zukunft. Die Formulierung heißt deshalb nicht: »Wir müssten …, wir könnten …, es sollte …«, sondern: »Wir haben …, wir sind …, es ist …«. Benutzen Sie keine »schwammigen« Formulierungen, sondern nur »harte« Verben. Statt der Formulierung: »Wir würden gerne eine waffenfreie Einrichtung sein«, schreiben Sie: »Unsere Einrichtung ist waffenfrei.«

2. Zieldifferenzierung

Wenn Sie sich an die Bitte gehalten haben, die Vorschläge weder zu diskutieren, noch zu bewerten, sitzen Sie jetzt vor einem Haufen von Karten. Um damit auch tatsächlich arbeiten zu können und die Vorschläge in die Realität umzusetzen, müssen diese jetzt strukturiert werden. Dabei werden im Groben zwei Ebenen von Zielen unterschieden. Die Rahmenziele, die umfassend zur Erreichung des Grundsatzzieles beitragen, und die Ebene der *Ergebnisziele* die die konkrete Umsetzung (das Ergebnis) der Rahmenziele ermöglichen.

Versuche Sie durch die folgenden Schritte ein System in Ihren Karten zu erstellen.

- Sortieren Sie die Karten aller Kollegen/innen thematisch. Es entstehen dann Themengruppen, in denen nach Möglichkeit alle formulierten Ideen auf ein Ziel – das Rahmenziel – hinauslaufen. So kann sich in Bezug auf die gewaltpräventive Arbeit mit jungen Menschen z.b. eine Gruppe von Karten finden, die sich unter dem Rahmenziel »Förderung und Stärkung des Selbstwertgefühles der Jugendlichen« vereinigen lässt. Alle Aktivitäten, die zur Erreichung dieses Zieles notwendig sind, können so zusammengetragen werden. Gelingt Ihnen diese Strukturierung, sitzen Sie nun vor mehreren Haufen von Karten.
- Entwickeln Sie innerhalb der verschiedenen Themengruppen (Rahmenziele) eine Hierarchie der Ziele. Finden Sie heraus, welche der Ziele sozusagen Teilschritte (Ergebnisziele) eines umfassenderen Zieles sind. Zum Beispiel wie folgt:

Rahmenziel: »Wir fördern und stärken das Selbstwertgefühl der Jugendlichen.«
Ergebnisziele: »Wir bieten den Jugendlichen kreative Aktivitäten an.«
                 »Wir bilden Sportgruppen.«
                 »Wir verstärken positives Verhalten.«
                 »Wir besprechen mit dem/r Jugendlichen die individuellen Interessen und Kompetenzen.«

Grundsatzziel		
Rahmenziel 1	Rahmenziel 2	Rahmenziel 3
Ergebnisziel 1.1.	Ergebnisziel 2.1.	Ergebnisziel 3.1.
Ergebnisziel 1.2.	Ergebnisziel 2.2.	Ergebnisziel 3.2.

Jede der Kategorien (Rahmenziele) trägt zum Erreichen des Grundsatzzieles (in diesem Fall die Gewaltprävention in der Jugendarbeit) bei. Innerhalb der Kategorien können sich einige Tätigkeiten wieder finden, die auch zur Erreichung anderer Rahmenziele dienen.

Gliedern Sie sämtliche Karten nach diesem System. Dopplungen innerhalb eines Rahmenzieles können Sie aussortieren. Versuchen Sie sich im Team auf ca. sechs bis acht Rahmenziele zu verständigen unter denen Sie Ihre pädagogischen Aktivitäten als Ergebnisziele einordnen.

3. Zielbewertung

Erst zu diesem Zeitpunkt, wenn die Ideensammlung und das Sortieren abgeschlossen sind, sollten die Vorschläge diskutiert und bewertet werden. Stellen Sie dazu verschiedene Bewertungskriterien auf. Mithilfe solcher Kriterien können Sie systematisch feststellen, welche der Ideen realisierbar sind und welche Ziele Sie für besonders wichtig halten. Zudem können Sie Ihren Kollegen/innen schnell verdeutlichen, warum Sie bestimmte Vorschläge nicht umsetzen können.

Einigen Sie sich im Vorfeld auf gemeinsame Bewertungskriterien (wie z.b. Umsetzbarkeit, finanzielle und personelle Ressourcen, zeitlicher Bedarf). Diskutieren Sie, ob Sie die Ideen für pädagogisch sinnvoll halten und ob diese zum Erreichen des formulierten Grundsatzzieles beitragen.

Erfahrungsgemäß ist es sinnvoll, die Bewertung in Form eines Diskussionsprozesses im Kollegium vorzunehmen. Nutzen Sie diese Diskussion, um unrealistische Ziele auszusortieren und Punkte, in denen Sie keine Einigkeit erzielen, deutlich zu kennzeichnen. Diese Ziele werden Sie vorerst nicht umsetzen können.

Erstellen Sie als Ergebnis dieses Zielfindungsprozesses ein System von Karten, das nur noch solche Ziele enthält, die Sie umsetzen können und wollen. Protokollieren Sie die Ergebnisse und händigen Sie allen Mitarbeiter/innen eine Kopie aus.

Übung Nr. 25:   *Zielkontrolle und Zielanpassung*
Zeit: Ca. 3 Stunden, je nach Teamgröße
Material: Wandzeitungspapier, dicke Stifte

Die durch die vorhergehenden Übungen entstandene Zielsammlung enthält Ziele, die das grundsätzliche pädagogische Handeln beschreiben und deren Umsetzung im Alltag der Pädagogen/innen erfolgt. Sie enthält aber auch solche Ziele, die organisatorischen Aufwand verursachen und für deren Umsetzung Verantwortliche notwendig sind. Machen Sie diese Ziele, den Zeitraum der Umsetzung und die personelle Verantwortung deutlich. Verlassen Sie sich nicht darauf, dass irgendjemand, irgendwann Ihre Ideen verwirklichen wird.

Es ist sinnvoll, die zeitliche Umsetzung von Zielen in vierteljährlichen Zeiträumen zu erfassen. Stellen Sie sich einen Plan zusammen, aus dem deutlich wird, wer bis wann mit welcher Aufgabe fertig sein wird. Beachten Sie bei dieser Planung, dass die Abhängigkeit der Ziele untereinander deren Verwirklichung verzögern kann.

Prüfen Sie Ihren Plan im Rhythmus von drei Monaten und nehmen Sie die notwendigen Anpassungen vor. Die gegenseitige Information über den aktuellen Stand wird nun regelmäßiger Punkt in Ihren Teambesprechungen oder Sitzungen.

Kontrollieren Sie gemeinsam den Erfolg Ihrer Ziele. Haben Sie erreicht, was Sie bezweckt haben? Sind die Ziele umsetzbar gewesen? Wo mussten Abstriche gemacht werden? Welche Fehler sind unterlaufen und zu korrigieren? Was hat besonders gut funktioniert? Sind alle Ziele noch Konsens im Kollegium/Arbeitskreis? Wollen Sie neue Ziele hinzufügen oder alte streichen? Mit diesen Fragen sollten Sie in jährlichen Abständen Ihr Konzept überprüfen. So kann verhindert werden, dass Ihre Institution oder Region am tatsächlichen Bedarf vorbeiarbeitet und wichtige Veränderungen übersieht.

5. Opfer stärken – Wie kann ich mich vor Gewalt schützen?

5.1 Zur Situation jugendlicher Gewaltopfer

In den letzten Jahren bereitet es besonders jungen Menschen zunehmend Sorgen, dass die Gewalt unter Jugendlichen zugenommen hat. Zwar wurden vielseitige und wichtige pädagogische Projekte und Aktivitäten initiiert, um gewalttätigen Jugendlichen das Verlernen von Gewalt zu ermöglichen, aber junge Opfer von Gewalttaten durch Gleichaltrigenszenen bleiben für die pädagogische Praxis weitgehend ein Tabuthema. Eben diese jungen Opfer möchten Menschen antreffen, die sie ernst nehmen, denen sie vertrauen und von denen sie Hilfe erwarten können.

Die Auswirkungen von Gewalttaten haben für junge Menschen Folgen, die zumeist langfristig wirken. Neben körperlichen und finanziellen Schäden können emotionale und psychische Ängste wie auch soziale Folgen eintreten:

- Das Erleben einer Gewalttat verletzt das für das menschliche Zusammenleben unabdingbare Sicherheitsgefühl. In der Gewaltsituation ist das Opfer ein Objekt, das keinen oder nur geringen Einfluss auf die Situation ausüben kann. Das Opfer erlebt Hilflosigkeit, die eigene Verletzbarkeit wird bewusst. Dieses Bewusstsein kann derart belastend sein, dass die weitere Lebensführung dadurch erheblich erschwert wird. Der Verlust des Sicherheitsgefühls kann emotionale und psychische Folgen haben, wie u.a. Angst vor Wiederholung, Scham, Ohnmachtsgefühle und Depressionen.

- Es können Assoziationsängste auftreten, das heißt, das Opfer versucht Gegebenheiten zu vermeiden, die an die Tat erinnern. Damit müssen Opfer ihre Lebensräume einschränken. Junge

Menschen brauchen aber ausreichend Lebens- und Erfahrungsräume für ihre Identitätsentwicklung.

- Es können Gesprächshemmnisse entstehen, Opfer fühlen sich schwach, Schuld- und Schamgefühle sind schnell abrufbar, denn die Opferrolle bedeutet Schwäche. Opfer tragen ein Stigma, sie gelten als Verlierer. Soziale Folgen sind möglich, wie u.a. negative Veränderungen im Familienleben, Verlust von bisherigen Beziehungen zu Gleichaltrigen und zu Freunden, Einschränkungen in der Freizeitgestaltung.

Wie eine Gewalttat verarbeitet wird, ist von verschiedenen Aspekten abhängig: Welche Intensivität hat die Gewalttat, die das Opfer erleiden musste? Wie reagiert der Mensch auf Stress und Belastung? Wie reagiert das soziale Umfeld auf den Menschen, der Opfer einer Gewalttat geworden ist? Bei der Verarbeitung einer Gewalttat durchläuft ein Opfer verschiedene Phasen:

- In der *Schockphase* ist das Opfer fassungslos und entrüstet über die erlittene Gewalttat. Gefühle des Sicherheitsverlustes und der Angst können so intensiv sein, dass sie verleugnet werden.
- In der darauf folgenden *Reaktionsphase* äußert das Opfer, soweit es ernst nehmende und empathische Ansprechpersonen findet, seine Erlebnisse und die Auswirkungen der Gewalttaten. Zum Teil muss das Opfer das Taterlebnis zum eigenen Schutz wieder verdrängen, wenn nämlich Gefühle wie Angst, Schrecken und Hilflosigkeit zu intensiv werden.
- Verlieren diese Gefühle an Heftigkeit, hat das Opfer sich beruhigt und stabilisiert, ist der Verarbeitungsprozess abgeschlossen. Das Opfer hat sein Sicherheitsgefühl und seine Stabilität zurückgewonnen *(Genesungsphase)*, kann sich mit dem Tatgeschehen kontrolliert auseinander setzen.

Es ist auch möglich, dass das Opfer ständig die Gewalterfahrung verdrängt oder sich immer wieder und intensiv daran erinnert. Der Verarbeitungsprozess ist gestört, z.b. durch eine frühere Gewalterfahrung. Auch die Umfeldreaktionen auf das Opfer können zu einer weiteren Schädigung des Opfers (Sekundärviktimisierung) führen. Wie reagieren Eltern, Freunde, Bekannte und Institutionen auf die Gewalttat?

In der Gesellschaft wird bisweilen versucht, das Opfer für seine Gewalterfahrungen selbst verantwortlich zu machen. Es kommt zu Schuldvorwürfen: »Hättest du dich anders verhalten, wärest du nicht Opfer geworden«, oder aus einem Polizeiflugblatt zum Thema Jugendgewalt: »*Trainieren Sie mit Ihrem Kind, sich aufmerksam und selbstbewusst in der Öffentlichkeit zu verhalten. Täter suchen sich prinzipiell ein schwächeres (unsicheres) Opfer.*«[1] Schuldvorwürfe aus der Umgebung eines Opfers sind zumeist Ausdruck von Hilflosigkeit oder auch einer Selbstversicherung »... mir kann das nicht passieren«. Die Angst, sich seiner eigenen Verletzbarkeit bewusst zu werden, führt zu Schuldvorwürfen gegenüber dem Opfer. Betroffene werden dann schweigen und sich ins Abseits gestellt fühlen.

Die ersten Reaktionen des Umfeldes sind entscheidend für den weiteren Verarbeitungsprozess der Gewalterfahrung. Wird auf die ersten Signale ignorierend oder mit Vorwürfen reagiert, verharrt das Opfer in seiner Rolle.

Ein 12-jähriger Junge wird Opfer einer Gelderpressung durch einen 15-jährigen Jugendlichen. Der Junge vertraut sich seinem Vater an und erzählt ihm das Geschehene. Der Vater antwortet:»Du bist alt genug, damit musst du allein klarkommen.« Der Junge zahlt seinem Peiniger regelmäßig das verlangte Geld. Er redet mit niemandem mehr darüber.

Wenn eine Anzeigenerstattung aufgrund der Gewalttat erfolgt ist, kann auch die polizeiliche oder gerichtliche Vernehmungssituation für das Opfer eine extreme Belastung bedeuten. Das Opfer muss detailliert Fragen beantworten, auch wenn diese besonders beängstigend wirken. Ein Opfer ist Zeuge des Verfahrens, also Beweismittel. Es geht zumeist um den Strafanspruch des Staates, nicht um die Interessen des Opfers. Der Stand des Verarbeitungsprozesses der Gewalterfahrung des Opfers wird in der Vernehmungs- oder Anhörungssituation nicht berücksichtigt.

1   Landespolizeiverwaltungsamt Berlin 1998, Flugblatt 045.

Unsere eigenen Untersuchungen[1] über das Verhalten von jungen Gewaltopfern haben gezeigt, dass nur wenige die Gewalttat bei der Polizei angezeigt und selten mit Lehrern/innen oder Eltern über die Gewalttat gesprochen haben. Dies hat mehrere Gründe:

- Wenn ein Jugendlicher Opfer einer Gewalttat geworden ist, richtet er sein zukünftiges Verhalten danach aus, dass sich diese Gewalterfahrungen auf keinen Fall wiederholen. Jugendliche haben Angst vor weiteren Bedrohungen und Racheaktionen, falls sie eine Anzeige bei der Polizei stellen. Auch wenn Eltern davon erfahren, was ihren Kindern passiert ist, sind sie unsicher, ob es sinnvoll ist, eine Anzeige zu stellen.
- Jugendliche reden selten mit Lehrern/innen über ihre Gewalterfahrungen, weil sie befürchten, dass diese sie nicht ernst nehmen. Zudem gelten Lehrer/innen aufgrund des zunehmenden Altersdurchschnittes der Lehrerschaft bezüglich der heutigen Jugendgeneration als sehr unwissend. Dieser Vorwurf an die Lehrer/innen ist ein Vorwurf an die gesamte Erwachsenengeneration, die jahrelang auf die zunehmende Gewaltproblematik nicht eingegangen ist. Dafür gibt es einen einfachen Grund. Menschen unter 20 Jahren werden doppelt so häufig Opfer einer Gewalttat wie Menschen über 20 Jahren. Erwachsene sind damit nicht in dem Umfang von Gewalt betroffen wie Kinder und Jugendliche und daher können Erwachsene oft nicht ernst nehmen, was Kindern und Jugendlichen widerfährt.
- Die aus Imagegründen häufig zu beobachtende Verdrängung des Themas Gewalt aus der schulischen Institution führt zu einer weiteren Sackgasse für das Opfer. Schweigt die Institution zum Thema Gewalt, kann ein Opfer nicht reden.
- Junge Gewaltopfer haben Angst, dass ihre Eltern sich zu viel Sorgen machen, wenn sie ihnen erzählen, was ihnen angetan wurde. Damit wollen sie verhindern, dass die Eltern ihre Freizügigkeiten einschränken. Jugendliche wollen ihre Erfahrungen

---

1 Vgl. Mücke 1992; unveröffentlichte Befragungen (1990–1992) mit 71 Jugendlichen im Alter von 12 bis 19 Jahren, die Opfer einer körperlichen Gewalttat durch Jugendgruppen geworden sind.

auch jenseits des Elternhauses machen. Sind die Eltern zu besorgt, befürchten die Jugendlichen, dass ihre mühsam errungenen Freizügigkeiten verloren gehen könnten.

- In Gleichaltrigengruppen wird über eigene Gewalterfahrungen selten ernsthaft gesprochen. Die Opferrolle wird mit einer Verliererrolle gleichgesetzt. In dieser Rolle wollen sich junge Menschen nicht sehen. Besonders für männliche Jugendliche kann es zu Gesprächshemmnissen kommen, wenn sie eine Botschaft verinnerlicht haben, die besagt: »Ein richtiger Junge wird nicht Opfer«, oder: »Ein Junge weint nicht.«

Wenn das Opfer keine ernst nehmende und akzeptierende Gesprächssituation vorfindet, versucht es die Gewalttat zu vergessen und zu verdrängen und verharrt lange Zeit in Angstzuständen. Nicht selten stellt sich ein Opfer auch Fragen des Selbstzweifels: »Warum hat es mich erwischt? Stimmt irgendetwas nicht mit mir? Bin ich nicht o.k.?«

Ein Opfer braucht Gesprächspartner/innen und während des Gespräches Verständnis und Akzeptanz. Mit Beschwichtigungen auf die Ängste der Opfer zu reagieren hat fatale Auswirkungen, da das das Opfer sich nicht ernst genommen fühlt und dann schweigen wird. Die vorbehaltlose Akzeptanz ist für das Opfer wichtig, um sich überhaupt öffnen zu können. Bei dem Gespräch darf das Opfer nicht ausgefragt werden und somit den Eindruck haben, sich rechtfertigen zu müssen. Dies fördert Schuld- und Schamgefühle. Zuhören dagegen fordert zum Weitererzählen auf, macht Akzeptanz und Aufmerksamkeit deutlich und überlässt die Initiative dem Opfer. Menschen, die durch die Gewalttat zur Hilflosigkeit degradiert wurden, müssen ihre eigene Handlungsfähigkeit wieder erleben. Daher dürfen auch keine Maßnahmen initiiert werden, die mit dem Opfer nicht abgesprochen waren. Auch die Verschwiegenheit, soweit vom Opfer gewünscht, hat zentrale Bedeutung, denn jeder Vertrauensverlust führt zu einer erneuten Schädigung des Opfers durch die Umfeldreaktion.

5.2 Mögliche Opferunterstützungssysteme im Sozialraum

Das Gemeinwesen, die Schule und die Jugendarbeit haben vielfältige Möglichkeiten zur Opferunterstützung. Hierzu einige Beispiele.

Opferberatung

Durch Beratungsangebote für junge Menschen und deren Angehörige kann erreicht werden, dass von Gewaltsituationen betroffene Menschen nicht allein gelassen werden und konkrete Unterstützung erfahren. An Schulen und in Einrichtungen der Jugendhilfe sollte eine niedrigschwellige erste Anlaufstelle für junge Gewaltopfer vorhanden sein, die nach den Prinzipien der Vertraulichkeit und der Parteilichkeit ausgerichtet ist. Diese erste Anlaufstelle kann gegebenenfalls weitere Hilfen von professionellen Opferberatungsstellen initiieren.

Bürgeraktivierung

Bei Informationsveranstaltungen oder Elternabenden kann die Bevölkerung im Sozialraum für die Opferthematik sensibilisiert werden.

- Wie können Menschen sich konkret vor Gewalttaten schützen?
- Wie kann man Opfer in der konkreten Situation unterstützen?
- Wie verarbeiten Menschen eine Gewalterfahrung?
- Wie können Angehörige und Bekannte auf diesen Prozess positiv einwirken?
- Welche Anlaufstellen gibt es für junge Gewaltopfer und deren Angehörige?

Trainingskurse: »Wie kann ich mich vor Gewalt schützen?

In Schule und Einrichtungen der Jugendhilfe können Trainingskurse durchgeführt werden, in denen junge Menschen Verhaltensstrategien im Umgang mit Bedrohungssituationen einüben können. Somit wird erreicht, dass junge Menschen Konfliktsituationen frühzeitig erkennen und die für ihre eigene Person möglichen Handlungsstrategien entwickeln können. Weiterhin erfahren sie durch dieses Angebot, dass die Institution das Thema Gewaltopfer ernst nimmt.

5.3 Opferunterstützung in der Praxis

5.3.1 Curriculum für Opferunterstützungs-Trainingskurse

Diese Trainingskurse verfolgen mehrere Zielsetzungen:

- Opfer müssen nicht mehr schweigen. Es wird ein Rahmen geschaffen, der es erlaubt, über eigene Verletzbarkeiten, Gefühle von Angst, Hilflosigkeit und Unsicherheit reden zu können.
- Junge Menschen lernen, Bedrohungssituationen und Tätermotivationen einzuschätzen und entsprechende eigene, schützende Strategien zu entwickeln.
- Die Institution signalisiert mit diesen Angeboten, dass sie der Gewalt entgegensteuern will. Opfer finden Ansprechpartner/innen und stehen nicht im Abseits.

In der *1. Phase des Trainings* werden die bisherigen Erfahrungen der jungen Menschen mit Gewaltsituationen aufgegriffen und ernst genommen. Diese Erfahrungen treffen auf eine Atmosphäre der Akzeptanz und der Parteilichkeit. Junge Menschen erkennen, dass ihre eigenen Gefühle in bedrohlichen Situationen durchaus den Gefühlen der anderen in vergleichbaren Situationen ähneln. Betroffene fühlen sich nicht mehr vereinzelt, eigene Schuld- und Schamgefühle verlieren an Bedeutung. Es kann verdeutlicht werden, dass jeder Mensch Opfer einer Gewaltsituation werden kann. Im weiteren Gesprächsverlauf werden die bisherigen Ressourcen der betroffenen Gewaltopfer hervorgehoben. Welche Leistungen Gewaltopfer in bedrohlichen Situationen erbringen, ist ihnen zumeist selbst nicht bewusst und muss wertgeschätzt werden. Ein Beispiel für einen wertschätzenden und akzeptierenden Dialog:

»Der Jugendliche hat mich plötzlich mit einem Messer bedroht und wollte mein Geld. Ich wollte nicht, dass er sich noch mehr aufregt, und versuchte ruhig zu bleiben. Ich gab ihm das Geld und er sagte noch, dass ich besser mit keinem darüber reden sollte. Mir ging es danach überhaupt nicht gut.«
»Du hattest Angst?«
»Ja ... als ich das Messer sah ...«
»Du hast es geschafft, dass er ruhig bleibt.«
»Ich wollte nicht, dass mir was passiert«
»Und deswegen hast du ihm das Geld gegeben«
»Eine andere Möglichkeit hatte ich nicht.«
»Und die hast du genutzt. Und du kannst darüber reden, obwohl der Angreifer versucht hat, dich zum Schweigen zu bringen, indem er dir Angst machte.«

In der *2. Trainingsphase* werden Bedrohungssituationen, Täterstrategien und Tätermotivationen an konkreten Beispielen aufgezeigt. Somit können Betroffene Bedrohungssituationen frühzeitig wahrnehmen und die Handlungsabläufe des Täters einschätzen.

Eine Gruppe mir nicht bekannter Jugendlicher fordert mich auf, einige Schritte mitzukommen, weil sie mit mir angeblich etwas bereden müssen. Die Gruppe hat das Opfer fixiert, braucht aber für ihre Handlungsabläufe einen für sie ungestörten Bereich. Erkennt das Opfer die Täterabsicht und kommt der Aufforderung nicht nach, ist das Risiko für die Täter zu groß.

In der *3. Trainingsphase* werden, ausgehend von den konkreten Erfahrungen der jungen Menschen, beispielhaft Bedrohungssituationen durchgespielt und Handlungsmöglichkeiten praktisch eingeübt. Bei den dargestellten Bedrohungssituationen werden von den Jugendlichen die Ideen des Umganges mit der Bedrohungssituation gesammelt und z.B. an der Tafel festgehalten. Sie werden nicht bewertet und zunächst auch nicht diskutiert. Somit werden auch Vorschläge unterbreitet, die in der konkreten Situation eskalationsverstärkend wirken. Diese Vorschläge werden dann praxisnah in Rollenspielen konkretisiert. Jetzt können die Teilnehmer/innen, die sich in unterschiedlichen Rollen erfahren, die Wirkung der Vorschläge überprüfen und hinterfragen. Die schützenden Strategien können in praktischen Übungen eingeübt werden. Jede Person muss dann prüfen, welche von den schützenden und nicht verletzenden Strategien für sie selber auch verwendbar sind, dass heißt ihren persönlichen Stärken entspricht.

Wie kann ich mich vor Gewalt durch Gleichaltrigenszenen schützen? – Einige Hinweise

Für die Umsetzung der 3. Trainingsphase ist es notwendig, über eskalationsverstärkende und deeskalierende Verhaltensweisen informiert zu sein. Wenn es auch keine Patentrezepte für angemessenes Verhalten gegenüber gewaltbereiten Jugendlichen gibt, so sind doch folgende Vorschläge diskutierbar, die auf der Auswertung konkreter Erfahrungen unserer Arbeit mit jungen Menschen beruhen. Beispielhafte Gefahrensituation:

Ein Jugendlicher geht nachmittags eine Straße entlang und wird plötzlich von einer Gruppe anderer Jugendlicher bedroht und aufgefordert: »Schöne Jacke hast du an. Jacke und Geld her!« Der Jugendliche ist deshalb Opfer einer Gewaltsituation geworden, weil er der Gruppensituation unterlegen ist. Er war zum falschen Zeitpunkt am falschen Ort. Die Bedrohungssituation war für den Jugendlichen nicht voraussehbar.

In solchen Situationen hat das Opfer Angst, fühlt sich hilflos, vielleicht auch wütend. Angstgefühle sind wichtige Warnzeichen. Die Angst signalisiert: »*Vorsicht, die Situation ist wirklich gefährlich*«. Angst kann schützen und vor eigener Überschätzung bewahren.

Mögliche Verhaltensweisen in der konkreten bedrohlichen Situation:

- Als Opfer kann ich versuchen, mich der Gefahrensituation zu entziehen, denn die Gruppe ist immer stärker als der Einzelne. Wenn ich in solchen Situationen weglaufe, vermag ich einzuschätzen, dass ich gegenüber mehreren Jugendlichen keine Chance habe. Wenn ich weglaufen muss, sollte ich immer dorthin laufen, wo Menschen sind, und sie auffordern, mir zu helfen. Kann ich in einen geschützten Raum laufen, so sollte ich diesen Raum nicht mehr allein verlassen, sondern dafür sorgen, dass mir geholfen wird (z.b. die Eltern oder die Polizei telefonisch verständigen). Nicht über eine befahrene Straße weglaufen, denn im Angstzustand kann ich ein heranfahrendes Auto übersehen.

- Kann ich nicht mehr weglaufen, weil ich umzingelt bin oder festgehalten werde oder Laufen nicht zu meinen Stärken gehört, kann ich Gesprächsstrategien einsetzen. Reden hilft, weil es einen sozialen Kontakt zu den Angreifern herstellt. Ich bin als Mensch erkennbar. Aber ich darf nicht aggressiv, provozierend, drohend oder beleidigend mit ihnen reden. Gewalttätige Menschen sind wie ungeduldige Autofahrer vor einer roten Ampel. Sie warten auf ein grünes Licht. Ich muss beim Reden darauf achten, keinen Reiz zu geben, der für die Angreifer eine Rechtfertigungsmöglichkeit ihrer Handlungen sein könnte. Spreche ich also aggressiv, dann reagieren die Jugendlichen zumeist wie im folgenden Beispiel mit Gewalt.

Vier Jugendlichen kamen auf einen Jugendlichen zu und fragten ihn herausfordernd: »Hast du Geld?« Der Jugendliche war empört über diese Frage und antwortete: »Seid ihr bescheuert, mich so etwas zu fragen!« Die Reaktion der Jugendlichen: Es wurde eine Gaspistole gezogen und auf den Jugendlichen geschossen. Der zu vermeidende Reiz dafür war »Seid ihr bescheuert ...«.

Mögliche nicht provozierende erste Sätze in einer bedrohlichen Situation können sein:

»Ich will keinen Stress« oder
»Tut mir nicht weh« oder
»Warum wollt ihr meine Jacke haben?« oder
»Ich weiß nicht, warum ihr meine Jacke haben wollt, aber ich heiße ..., mit dem ihr das macht«.

Das Opfer hat nun einen Namen. Durch diese Personifizierung des Opfers fällt den Angreifern die mögliche physische Gewaltausübung schwerer. Der Angreifer kann die Opferperspektive nicht mehr so einfach ausblenden (die Neutralisierung zum Opfer wird aufgehoben).

• Kann ich mich der Bedrohungssituation nicht entziehen, besteht noch die Möglichkeit, umstehende Personen zur Hilfe aufzufordern. Die Erfahrungen zeigen leider, dass auf einen allgemeinen Hilferuf nicht reagiert wird. Die Passanten haben Angst, fühlen sich hilflos oder reagieren mit Gleichgültigkeit. Wird um Hilfe gerufen, entfernen sich die Passanten zumeist vom Ort des Geschehens. Das Opfer wird allein gelassen, selten wird die Polizei gerufen.

Es hat sich gezeigt, dass mehrere Passanten durch den Hilferuf nicht angesprochen werden. Jeder Passant verlässt sich auf den anderen (»Warum soll ich handeln, der andere kann doch auch.«) und dadurch bleiben alle passiv. Die Gruppennorm der Zurückhaltung erschwert es einem Einzelnen jetzt noch mehr, aktiv zu werden. Es hat sich gezeigt, dass Menschen eher helfen können, wenn sie direkt angesprochen werden, indem sie kurz beschrieben werden: »*Sie da im grünen Mantel, helfen Sie mir, rufen Sie die Polizei.*« Jetzt weiß der Passant, dass die Situation ernst ist und er persönlich angesprochen ist, zu helfen. Seine Hilfsbereitschaft ist aktiviert und er weiß auch, was zu tun ist. Weiterhin können andere Passanten jetzt angeregt sein, ebenfalls hilfreich tätig zu werden. Für die agierenden Jugendlichen wird die Situation schwierig. Sie sind überrascht, denn bisher ist ihre Erfahrung, dass das Umfeld gleichgültig auf eine Gewalthandlung reagiert. Die Situation ist für sie riskant geworden, weil sie unüberschaubar und unberechenbar ist. Die Jugendlichen suchen dieses Risiko nicht und entfernen sich in der Regel vom Ort des Geschehens.

Der persönliche Hilferuf muss mit einer direkten Handlungsanweisung verbunden werden, da der Passant sonst nicht weiß, was konkret zu tun ist. Die Aufforderung, die Polizei zu holen, hat den Vorteil, dass der Passant handeln kann, ohne in die direkte Konfrontation mit den Tätern zu geraten. Darüber hinaus lassen die meisten Gewalttäter von ihrem Opfer ab, wenn eine dritte nichtbeteiligte Person die Polizei verständigt.

- Ist die Situation für mich aussichtslos oder werde ich mit einer Waffe bedroht, kann ich das tun, was die Jugendlichen von mir verlangen (in unserem konkreten Fall: die Jacke und das Geld geben). Leiste ich Gegenwehr, werde ich mit hoher Wahrscheinlichkeit umgehend körperliche Gewalt erfahren. In solchen Situationen gibt es nicht die geringste Chance einer Gegenwehr. Körperliche Gegenwehr wird in der Regel mit brutaler Gewaltanwendung beantwortet. Viele Jugendliche glauben, dass sie sich in einer solchen Situation durch eine Waffe (Tränengas, Messer und auch Gaspistole) helfen können. Das Gegenteil wird wahr: Waffen bringen das Opfer in gefährliche Situationen.

  Ein Jugendlicher wird von einer Jugendgruppe bedroht und versucht sich mit seiner Tränengassprühdose zu wehren. Die Sprühdose wird ihm aus der Hand geschlagen. Er wird zu Boden geworfen, festgehalten und sein eigenes Tränengas wird über sein Gesicht versprüht.

  Andere Jugendliche glauben sich in einer ähnlichen Situation mit einem Messer wehren zu können. Die Reaktion der Gruppe: Sie ziehen ihre Waffen. Für das Opfer eine lebensgefährliche Zuspitzung.
  Der beste Schutz ist das Nichttragen einer Waffe. Die Erfahrung zeigt, wenn ich versuche mich zu wehren, erleide ich erhebliche Gewalt. Tue ich aber das, was die Jugendlichen von mir erwarten, bleibt mein körperlicher Schaden begrenzt. Der beste Schutz ist der grundsätzliche Verzicht auf Gegenwehr und auf Waffeneinsatz.

- Als Opfer bleibt mir die Möglichkeit der Anzeigenerstattung. Die Anzeige kann Schutz vor erneuten Gewalttaten ermöglichen. Reagiere ich nicht auf die Gewalttat, ist eine Wiederholungssituation möglich.

- Auf jeden Fall sollte das junge Gewaltopfer mit einer Person seines Vertrauens über das Geschehene reden und gemeinsam mit ihr nach Lösungen suchen.

Das Wichtigste zusammengefasst

- Möglichst weglaufen, denn als Einzelner habe ich keine Chance gegenüber einer Gruppe.
- Mit den Jugendlichen ruhig reden, sie aber nicht dabei provozieren.
- Hilfe aus der Umgebung anfordern, indem ich die Menschen direkt anspreche.
- Gegebenenfalls das tun, was die Jugendlichen verlangen.
- Auf keinen Fall körperliche Gegenwehr ausüben oder selbst eine Waffe ziehen.
- Sich gegebenenfalls durch eine Anzeigenerstattung vor Wiederholungen schützen.
- Nicht schweigen, sondern mit einer vertrauten Person darüber reden, was passiert ist.

5.3.2 Praktische Übungen zur Vorbereitung von Opferberatung und Trainingskursen

Übung Nr. 26:   *Entwicklung von Handlungsmöglichkeiten in Opfersituationen*
Zeit: Variabel, je nach Gruppengröße
Material: Kopie der Fallschilderungen

In einer Gewaltsituation existieren zumeist mehr Handlungsmöglichkeiten für das Opfer, als es zuerst vermutet. Die Unterstützung jugendlicher Gewaltopfer verlangt emphatisches Einfühlen in die Opferperspektive. Die folgende Übung kann dazu beitragen, indem sie die Möglichkeit aufzeigt, sich im Vorfeld mit klassischen Opfersituationen auseinander zu setzen und mit der Rolle des Opfers und ihren Handlungsmöglichkeiten zu befassen.

Entwickeln Sie für die dargestellten Situationen Handlungsmöglichkeiten für das jeweilige Opfer. Diskutieren Sie zudem, welche Interventionsmöglichkeiten das Umfeld der Gewaltsituation hätte, um dem Opfer zu helfen. Diese Auseinandersetzung kann es Ihnen erleichtern, in realen Situationen Hilfe zu leisten und sich nicht handlungsunfähig zu fühlen.

- Eine Gruppe von mehreren männlichen Jugendlichen steigt in eine Straßenbahn ein, zeigt ihre Waffen und geht schweigend auf und ab. Auch die Fahrgäste schweigen jetzt.

- Eine Gruppe von 12- bis 14-jährigen Mädchen bedroht ein 13-jähriges Mädchen. Sie solle am nächsten Tag ungeschminkt zur Schule kommen, ansonsten würde sie zusammengeschlagen werden. Am nächsten Tag fängt die Gruppe das Mädchen auf der Straße ab und droht ihr erneut, weil sie wieder geschminkt ist.

- Eine schulfremder Jugendlicher droht einem jüngeren Jugendlichen vor dessen Schule massiv. Er macht deutlich, dass sich eine bekannte Streetgang mit ihm befassen würde, wenn er ihm nicht regelmäßig Geld mitbringt. Zwei andere Schüler sind in der Nähe des Geschehens.

- Eine Gruppe betrunkener Jugendlicher beschimpft nachts auf der Straße einen 15-jährigen männlichen Jugendlichen als »linke Zecke« und geht bedrohlich auf ihn zu.

- Im Bus kommt ein 17-jähriger Jugendlicher auf einen 14-jährigen Jugendlichen zu und fragt ihn erbost: »Warum hast du mich so dämlich angeglotzt?« Der Jüngere antwortet mit ruhiger Stimme: »Ich habe dich gar nicht angeschaut«, worauf der Ältere reagiert: »Willst du etwa sagen, dass ich lüge!«

Übung Nr. 27:   *Beratungsgespräche mit jugendlichen Gewaltopfern*
Zeit: 45 Min.
Material: Keines

Zur Vorbereitung von Opferberatungsgesprächen ist es sinnvoll, eine gewisse Verhaltenssicherheit im Vorfeld zu erwerben, denn Opferberatung ist vom Gesprächsablauf und -ziel nicht gleichzusetzen mit anderen Beratungsgesprächen. Die folgende Übung gibt Ihnen die Möglichkeit, Ihr Verhalten in der Lerngruppe zu trainieren und sich somit auf die realen Gespräche vorzubereiten.

Beachten Sie wie in den vorhergehenden Rollenspielübungen die grundsätzlichen Trainingsanweisungen zur deren Durchführung und Auswertung.

- Eine Person wählt aus den Schilderungen der vorhergehenden Übung eine Situation aus bzw. konstruiert eine Gewaltsituation.
- Wählen Sie bitte für das Rollenspiel *keine* Situationen, die Ihnen selber zugestoßen sind.
- Eine zweite Person übernimmt die Rolle des Beraters oder der Beraterin.
- Beide simulieren ein Beratungsgespräch.
- Die restliche Gruppe konzentriert ihre Beobachtung auf die im Folgenden dargestellten Auswertungskriterien.
- Führen Sie die Rollenspiele mit wechselnden Rollen und unterschiedlichen »Gewaltgeschichten« durch.

Achten Sie als Berater/in auf die Grundsätze des beratenden Gespräches:

- Verschwiegenheit des Beraters oder der Beraterin.
- Vorbehaltlose Akzeptanz und Empathie zum Opfer.
- Die Stärken und die Handlungsfähigkeit des Opfers in der konkreten Situation betonen und wertschätzen.
- Zuhören und dem Opfer das Gefühl geben, sich nicht rechtfertigen zu müssen.
- Raum für Emotionen und konfuse Gedanken geben.

- Die Gesprächsinhalte vom Opfer bestimmen lassen.
- Keine Maßnahmen initiieren, die das Opfer nicht will.
- Die ersten Schritte gemeinsam absprechen.

Werten Sie das Rollenspiel nach folgenden Beobachtungskriterien aus:

- Welche positiven Verhaltens- und Gesprächselemente zeigte der/die Berater/in?
- Konnte das Opfer die für ihn/sie wichtigen Gedanken in das Gespräch einbringen?
- Fühlte sich das Opfer ernst genommen und sicher?
- Standen die Interessen des Opfers oder die des/der Beraters/in im Mittelpunkt der initiierten Maßnahmen?
- Vermittelte der/die Berater/in im Gespräch einen sicheren und ruhigen Eindruck?
- Hätten Sie als Jugendliche/r mit diesem/r Berater/in ein Gespräch geführt? Begründen Sie Ihre Meinung.

Literaturverzeichnis

Banning, Han: Bessere Kommunikation mit Migranten. Ein Lehr- und Trainingsbuch. Beltz. Weinheim und Basel 1995

Barbian, Thomas; Zilleßen, Horst: Neue Formen der Konfliktregelung in der Umweltpolitik. In: Aus Politik und Zeitgeschichte B 39–40/1992, S. 14–23. Bonn 1992

Bear, Jennifer E. u.a.: Mediators Handbook. Peacemaking in Your Neighborhood. Friends Conflict Resolution Programs. Philadelphia 1982

Behn, Sabine; Heitmann, Helmut; Voß, Stephan: Jungen, Mädchen und Gewalt. Ein Thema für die geschlechtsspezifische Jugendarbeit?! Informations-, Forschungs- und Fortbildungsdienst Jugendgewaltprävention (IFFJ). Berlin 1995

Besemer, Christoph: Mediation. Vermittlung in Konflikten. Werkstatt für Gewaltfreie Aktion. Freiburg 1993

Besemer, Christoph: Konflikte verstehen und lösen lernen. Werkstatt für Gewaltfreie Aktion. Heidelberg 1999

Bercovitch, Jacob: Some Conceptual Issues and Empirical Trends in the Study of Successful Mediation in International Relations. In: Journal of Peace Research Vol. 28, No.1. Sage Publications. Oslo 1991, S. 7–17

Bielefeldt, Heiner; Heitmeyer, Wilhelm: Politisierte Religion. Suhrkamp, Frankfurt a.M. 1998

Breidenstein, Lothar; Kiesel, Doron; Walther, Jörg (Hrsg.): Migration Konflikt und Mediation. Zum interkulturellen Diskurs in der Jugendarbeit. Haag und Herchen, Frankfurt a.M. 1998

Bründel, Heidrun; Hurrelmann, Klaus: Gewalt macht Schule. Droemer Knaur, München 1994

Cohen, Richard: Students Resolving Conflict. Good Year Books, Glenview 1995

Faller, Kurt; Kerntke, Wilfried; Wackmann, Maria: Konflikte selber lösen. Mediation für Schule und Jugendarbeit. Verlag an der Ruhr, Mülheim an der Ruhr 1996

Faller, Kurt: Mediation in der pädagogischen Arbeit. Ein Handbuch für Kindergarten, Schule und Jugendarbeit. Verlag an der Ruhr, Mülheim an der Ruhr 1998

Findeisen, Hans-Volkmar; Kersten, Joachim: Der Kick und die Ehre. Vom Sinn jugendlicher Gewalt. Kunstmann, München 1999

Fisher, Roger; Ury, William; Patton, Bruce: Das Harvard-Konzept. Sachgerecht verhandeln – erfolgreich verhandeln. Campus, Frankfurt a.M./New York 1995 (13. Auflage)

Flesch, Claudia: Gewalt bei Mädchen/jungen Frauen. In: Jugend und Gewalt – Materialien zur aktuellen Diskussion. Hessischer Jugendring, Wiesbaden 1992, S. 27–32

Galtung, Johan: Strukturelle Gewalt. Beträge zur Friedens- und Konfliktforschung. Rowohlt TB-Verlag, Reinbek 1975

Gans, Brigitte: Mediation. Ein Weg des Umgangs mit Konflikten in der räumlichen Planung?. Ökom, München 1994

Glasl, Friedrich: Konfliktmanagement. Ein Handbuch für Führungskräfte und Berater. Verlag freies Geistesleben, Stuttgart 1992

Glücks, Elisabeth; Ottemeier-Glücks, Franz Gerd: Geschlechtsbezogenen Pädagogik. Votum, Münster 1994

Hagedorn, Ortrud: Konfliktlotsen. Klett Verlag, Stuttgart 1995

Haynes, John M. u.a.: Scheidung ohne Verlierer. Kösel, München 1993

Heiliger, Anita: Gewalt unter geschlechtsspezifischen Gesichtspunkten. In: Gerd Stüwe (Hrsg.): Jugend und Gewalt. Ist die Gewaltbereitschaft Jugendlicher bereits ein Massenphänomen? Frankfurt a.M. 1993

Heitmeyer, Wilhelm: Desintegration und Gewalt. In: deutsche Jugend 3/1992. Weinheim 1992, S. 110–122

Heitmeyer, Wilhelm u.a.: Gewalt. Schattenseiten der Individualisierung bei Jugendlichen aus unterschiedlichen Milieus. Juventa, Weinheim und München 1995

Heyne, Claudia: Täterinnen. Offene und versteckte Aggression von Frauen. Kreuz, Zürich 1993

Hinz-Rommel, Wolfgang: Interkulturelle Kompetenz. Ein neues Anforderungsprofil für die soziale Arbeit. Waxmann, Münster und New York 1994

Horn-Wagner, Detlef: Unveröffentlichtes Skript ohne Jahresangabe Hoffmann-Riem, Wolfgang: Konfliktmittler in Verwaltungsverhandlungen. C.F. Müller, Heidelberg 1989

Holzkamp, Christine; Rommelspacher, Birgit: Frauen und Rechtsextremismus: Wie sind Frauen und Mädchen verstrickt? Unveröffentlichtes Seminarmaterial. Berlin 1990

Iman, Attia; u.a.: Multikulturelle Gesellschaft – monokulturelle Psychologie? Antisemitismus und Rassismus in der psychosozialen Arbeit. dgvt, Tübingen 1995

Institut für Sozialarbeit und Sozialpädagogik; Informations-, Fortbildungs- und Forschungsdienst Jugendgewaltprävention (Hrsg.): Gewalt. Chancen und Grenzen der Jugendarbeit. Informationsdienst AGAG 3/1993. Berlin und Frankfurt a.M. 1993

Jeffreys, Karin; Noack, Ute: Förderung von Konfliktfähigkeit. Ein Programm für die Klassen 1 bis 8. Landesinstitut für Schule und Weiterbildung. Heft 17. Soest 1993

Jefferys-Duden, Karin: Das Streitschlichter-Programm. Mediatorenausbildung für Schülerinnen und Schüler der Klassen 3 bis 6. Beltz. Weinheim und Basel 1999

Kawamura, Gabriele: Konfliktberatung im Täter-Opfer-Ausgleich – ein neues Arbeitsfeld. In: sozialmagazin Heft 1/1992, S. 22–24

Korn, Judy: Mediation als Methode zur Gewaltprävention und Gewaltreduktion in der Arbeit mit Jugendlichen. Berlin 1995 (unveröffentlichte Diplomarbeit)

Korn, Judy; Mücke, Thomas: Umgang mit Gewalt. Möglichkeiten der Konfliktregelung. Landkreis Gifhorn (Hrsg.). Gifhorn 1998

Korn, Judy; Mücke, Thomas: Miteinander statt Gegeneinander. Neue Wege in der Jugendarbeit – Dialogversuch mit rechtsextrem orientierten Jugendlichen. In: Heil, Hubertus u.a. (Hrsg.): Jugend und Gewalt. Über den Umgang mit gewaltbereiten Jugendlichen. Schüren, Marburg 1993, S. 101–125

Korn, Judy; Mücke, Thomas: Umgang mit Gewalt und Konflikten. Arbeit mit Jugendlichen im interkulturellen Kontext. In: Jugend, Beruf, Gesellschaft Heft 3–4/1998, S. 229–235

Korte, Jochen: Faustrecht auf dem Schulhof. Über den Umgang mit aggressivem Verhalten in der Schule. Beltz, Weinheim und Basel 1993

Korte, Jochen: Lernziel Friedfertigkeit. Verschläge zur Gewaltreduktion in Schulen. Beltz, Weinheim und Basel 1994

Krabbe, Heiner (Hrsg.): Scheidung ohne Richter. Neue Lösungen für Trennungskonflikte. rororo, Reinbek 1991

Kraußlach, Jörg: Aggression im Jugendhaus. Wuppertal 1981

Kraußlach, Jörg; Düwer, Friedrich; Fellberg, Gerda: Aggressive Jugendliche. Jugendarbeit zwischen Kneipe und Knast. Juventa, Weinheim und München 1990 (6. Auflage)

Kuhlmann, Andreas: Faustrecht. Gewalt in Schule und Freizeit. PapyRossa, Köln 1998

Lindner, Wolfgang: Zero Toleranz und Präventionsinflation. Jugendliche und Jugendarbeit im Kontext der gegenwärtigen Sicherheitsdebatte. In: deutsche jugend 4/1999, S. 153–162

Martin, Lothar R.: Gewalt in Schule und Erziehung. Grundformen der Prävention und Intervention. Klinkhardt, Bad Heilbrunn 1999

Merten, Roland; Otto, Hans-Uwe (Hrsg.): Rechtsradikale Gewalt im vereinigten Deutschland. Leske und Budrich, Opladen 1993

Merton, R., K., in: Bründel, Heidrun/Hurrelmann, Klaus: Gewalt macht Schule. Droemer Knaur, München 1994, S. 265ff.

Mickley, Angela: Mediation – Eine neue Methode der Konfliktbearbeitung. Mediation – Fragen zur Konfliktanalyse und Möglichkeiten der Regelung. Berlin 1995 (Unveröffentlichte Seminarmaterialien)

Moore, Christopher: The Mediation Process – Practical Strategie for Resolving Conflict. Jossy – Bass Publishers. San Francisco 1986

Mücke, Thomas: Verschiedene Wege – gemeinsames Ziel?! Die Polizei, die Jugendarbeit und ihre gemeinsame Klientel: auffällige Jugendliche. In: sozialmagazin Heft 5/1996, S. 14–25

Müller-Fohrbrodt, Gisela: Konflikte konstruktiv bearbeiten lernen. Zielsetzungen und Methodenvorschläge. Leske und Budrich, Opladen 1999

Nolting, Hans-Peter: Aggression ist nicht gleich Aggression. Ein Überblick aus psychologischer Sicht. In: Landeszentrale für politische Bildung Baden-Württemberg (Hrsg.): Aggression und Gewalt. 1993

Ohder, Claudius: Gewalt durch Gruppen Jugendlicher. Eine empirische Untersuchung am Beispiel Berlins. Hitit, Berlin 1992

Otten, Hendrik; Treuheit, Werner (Hrsg.): Interkulturelles Lernen in Theorie und Praxis. Ein Handbuch für Jugendarbeit und Weiterbildung. Leske und Budrich, Opladen 1994

Petermann, Ulrike; Peterman, Franz: Training mit Jugendlichen: Förderung von Arbeits- und Sozialverhalten. Psychologie Verlags Union, Weinheim 1992

Rommelspacher, Birgit: Sie bedrohen unser Selbstbild. In: tageszeitung vom 7.5.1990, S.11

Rommelspacher, Birgit: Rechtsextremismus und Dominanzkultur. In: Foitzik; Leiprecht; Marvakis; Seid (Hrsg.):»Ein Herrenvolk der Untertanen« Rassimus – Nationanlismus – Sexismus. Duisburg 1992, S. 81–94

Schad, Ute: Verbale Gewalt bei Jugendlichen. Ein Praxisforschungsprojekt über ausgrenzendes und abwertendes Verhalten gegenüber Minderheiten. Juventa, Weinheim und München 1996

Schmerl, Christiane: Geschlechtsunterschiede. In: Grubitzsch, Siegfried; Rexelius, Günter (Hrsg.): Psychologische Grundbegriffe. Rowohlt, Reinbek 1987

Schulz von Thun, Friedemann; Thomann, Christoph: Klärungshilfe. Handbuch für Therapeuten, Gesprächshelfer und Moderatoren in schwierigen Gesprächen. rororo Verlag. Reinbek 1988

Schwind/Baumann (Hrsg.): Ursachen, Prävention und Kontrolle von Gewalt. Analysen und Vorschläge der Unabhängigen Regierungskommission zur Verhinderung und Bekämpfung von Gewalt. Band II: Erstgutachen der Untersuchungskommission. Duncker und Humblot, Berlin 1990

Senatsverwaltung für Inneres (Hrsg.): Endbericht der unabhängigen Kommission zur Verhinderung und Bekämpfung von Gewalt in Berlin. Berlin Verlag, Berlin 1994

Spreiter, Michael (Hrsg.): Waffenstillstand im Klassenzimmer. Beltz, Weinheim und Basel 1993

Stickelmann, Bernd (Hrsg.): Zuschlagen oder Zuhören. Jugendarbeit mit gewaltorientierten Jugendlichen. Juventa, Weinheim und München 1996

Studienschwerpunkt »Frauenforschung« am Institut für Sozialpädagogik der TU Berlin (Hrsg.): Mittäterschaft und Entdeckungslust. Orlanda, Berlin 1990

Tillner Christine (Hrsg.): Frauen – Rechtsextremismus, Rassismus, Gewalt. Agenda, Münster 1994

Walker, Jamie: Gewaltfreier Umgang mit Konflikten in der Grundschule. Cornelsen Scriptor, Frankfurt a.m. 1995a

Walker, Jamie: Gewaltfreier Umgang mit Konflikten in der Sekundarstufe 1. Cornelsen Scriptor, Frankfurt a.m. 1995b

Weinberger, Sabine: Klientenzentrierte Gesprächsführung. Eine Lern- und Praxisanleitung für helfende Berufe. Beltz, Weinheim und Basel 1988 (3. Auflage)

Verzeichnis der Übungen

Jens Weidner · Rainer Kilb
Dieter Kreft (Hrsg.)

Gewalt im Griff

Band 1: Neue Formen des
Anti-Aggressivitäts-Trainings

EditionSozial **BELTZ**

Weidner / Kilb / Kreft (Hrsg.)
Gewalt im Griff
Band 1: Neue Formen des
Anti-Agressivitäts-
Trainings. 2., erweiterte
Auflage 2000.
283 Seiten. Broschur.
ISBN 3-407-55838-4

Das Anti-Aggressivitäts-Training bietet Gewaltbereiten die Konfrontation, die sie schon immer gesucht haben.

»Mitgefühl mit dem Opfer verdirbt den Spaß an Gewalt«, so ein Teilnehmer eines AAT-Trainings. Mit Erfolg, denn die konfrontative Pädagogik weist eine geringe Rückfallquote der Therapierten aus. Das Buch präsentiert maßgeschneiderte, praxisgerechte Trainingsangebote für unterschiedliche Institutionen und Zielgruppen wie Strafvollzug, Bewährungshilfe, Heimerziehung, Jugendzentren, Beratungsstellen und Schulen.

»Ein wichtiges Buch zur richtigen Zeit, denn zur wirksamen Gewaltintervention und -prävention gehört neben dem Verständnis für die Lebenslage der ›Täter‹ und der kognitiven Aufklärung auch die konfrontative psychosoziale Auseinandersetzung und Grenzziehung.«
Jugendhilfe